Manfred Korbaj · 1. Kärntner Schitourenführer (Band 1)

Manfred Korbaj

1. Kärntner Schitourenführer (Band 1)

Schitouren Ober- und Mittelkärntens (nördlich der Drau)

H. Weishaupt Verlag · Graz

Die in diesem Führer enthaltenen Angaben wurden vom Autor nach bestem Wissen und Gewissen erstellt. Eine Haftung für ihre Richtigkeit kann jedoch nicht übernommen werden. Auch für etwaige technische Fehler sowie für die Richtigkeit der redaktionellen Eintragungen und Textangaben übernehmen Autor und Verlag keine Haftung.

Zwischen den Alpenvereinskarten 1:25.000 und den österreichischen Karten 1:50.000 gibt es geringfügige Unterschiede bei den Höhenangaben und in der Schreibweise von Bergnamen. Die Höhenangaben der Tourenziele in diesem Führer beziehen sich auf die jeweilige ÖK-Karte.

Karten: Vervielfältigt mit Genehmigung des Bundesamtes für Eich- und Vermessungswesen (Landesaufnahme) in Wien, Zl.L 64 054/89.

Titelbild: Der Großglockner mit der Pallavicini-Rinne, gesehen vom Aufstieg zur Oberwalderhütte.

ISBN 3-900310-63-7
1. Auflage 1990

Gesamtherstellung: Druck- und Verlagshaus M. Theiss, A-9400 Wolfsberg.
Printed in Austria.

Inhalt

Vorwort

Die Oberkärntner Bergwelt bietet dem Schibergsteiger ein gewaltiges Angebot an einsamen und lohnenden Schirouten und eine Vielzahl an Tourenmöglichkeiten. Daß nicht alle erwähnt werden können, ist verständlich. Es handelt sich hierbei um einen Auswahlführer, der die schönsten und lohnendsten, aber auch viele einsame Schitouren berücksichtigt.

Mein Dank gilt den Kärntner Bergführern und allen Einheimischen dieser Berggebiete, die mit ihrem Rat und ihrer Ortskenntnis einen wesentlichen Beitrag zum Gelingen des hier vorliegenden Schiführers geleistet haben.

Auf all diesen Touren wurden wir, das sind meine Frau und ich, von unserem Husky-Hund mit dem Namen »Askin« begleitet.

Vorbemerkungen

Dieser Schitourenband richtet sich an alle, die das Erlebnis Natur im Winter, weit entfernt vom Massentourismus suchen und finden wollen. Ein Erlebnis, das uns nicht nur Natureindrücke vermittelt, sondern vielleicht auch einen Weg zu uns selbst, auf dem wir uns neu entdecken und erfahren können.

Eine einsame Schispur in die Weite des Raumes und in die unerschöpfliche Zeit zu ziehen bedeutet ein bißchen mehr als nur bloße alpine Erlebnisfindung. Mit jedem Schritt und mit jedem Meter Schwung genießen wir den Großraum Natur, und wir können stolz und müssen dankbar für jede dieser Minuten sein.

Doch trotz der Freude und des Genusses müssen wir uns auch immer bewußt sein, daß wir uns in der ungezähmten Welt der Berge bewegen. Die Qualität des nächsten Schrittes bestimmt hier über Freud und Leid, manchmal auch über Leben und Tod. Deswegen sollte man immer nur gut vorbereitet – in körperlicher wie auch in geistiger Hinsicht – den Weg in die Berge antreten. Dazu ist auch regelmäßiges Training notwendig. Unser Ziel sollte es sein, 300–400 Höhenmeter pro Stunde über längere Zeit und Distanzen im Aufstieg halbwegs ermüdungsfrei zu bewältigen. Aber nicht nur die Kondition ist auf Touren entscheidend, sondern auch das dazugehörige Wissen über Wetter, Schnee- und Lawinenkunde, Erste Hilfe und vieles andere. Jedem Tourengeher rate ich zu einer Ausbildung, denn mehr wissen bedeutet mehr erleben! Sind wir uns trotz bestem Wissen einmal im Zweifel, dann lieber nicht! Lernen wir vorbeugen und exakt kalkulieren! Und auch Umkehren ist keine Schande! Leben wir mit der Natur und nicht gegen sie, lernen wir, uns den Gesetzen und den Regeln der Natur und der Berge anzupassen. Gelingt uns dies, wird jede Minute und jeder Meter zur vollen Erlebnisfindung.

Ein sehr wesentlicher Faktor auf der Tour ist die Ausrüstung. Speziell der Tourenschischuh ist es, der schon manche Supertour verleidete. Die richtige Paßform ist dabei das Entscheidende.

Eine kurze Ausrüstungsliste der wichtigsten Gebrauchsgegenstände finden Sie auf der Seite 17.

Zwei Grundsätze mögen hier noch Beachtung finden: Führen sie Tou-

ren nie alleine durch, und der Stärkere hat auf den Schwächeren Rücksicht zu nehmen.
Nun wünsche ich jedem viel Freude und sein spezielles Erlebnis in der winterlichen Kärntner Bergwelt.

Lage und Gebiet

Der »1. Kärntner Schitourenführer«, Band 1, behandelt den Großraum Oberkärntens. Die Lieser zieht dabei eine klare Trennlinie zwischen zwei ganz unterschiedlichen Gebirgsgruppen, nämlich den Hohen Tauern und ihren Ausläufern im Westen und den Nockbergen mit den Gurktaler Alpen im Osten. Wo in den Hohen Tauern der hochalpine, schroffe Dreitausender-Charakter vorherrscht, dominiert östlich der Lieser das sanfte, eher hügelige Bergbild. Zwischen beiden Berggruppen bildet der steile Katschbergpaß den Übergang nach Salzburg in den Lungau.
Wenn wir der Lieser durch das Pöllatal, am Katschberg vorbei nach Spittal, wo sie in den Millstättersee mündet, folgen, erreichen wir Gmünd, die historische Stadt am Beginn des Maltatales. Hier trennt die Malta-Hochalmstraße die Hafnergruppe von der Hochalmspitzgruppe und endet direkt an der Staumauer der mächtigen Kölnbreinsperre, die somit einen idealen Schitourenausgangspunkt bis spät ins Frühjahr hinein darstellt. Mit dem Schigipfel des Hafners stehen wir nicht nur auf dem höchsten Punkt der Hafnergruppe, sondern auch am östlichsten Dreitausender der Ostalpen. Richtung Mölltal geht die Hochalmspitzgruppe dann in die Reißeckgruppe über, die das Reißeck-Kreuzeck-Kraftwerk beherbergt. Ein steiler Schrägaufzug und die Reißeck-Höhenbahn erschließen auch dem Schibergsteiger diese herrliche Gebirgswelt, die sich rund um den Mühldorfer Stausee ausbreitet.
Das weit gewundene Mölltal bringt uns aber auch nach Mallnitz. Hier beginnt nicht nur die Autoverladung nach Böckstein ins Gasteinertal, sondern hier eröffnen sich einem auch die Aufstiege zum Ankogel und ins Tauerntal, das bei der Hagener-Hütte sein Ende findet.
Die Möll und der hier in diesem Gebiet schon vorherrschende hochalpine Charakter leitet dann ins Fraganter Tal zur Sadniggruppe über, wobei der Sadnig mit 2745 m die höchste Erhebung bildet. Stehen wir dann auf einem der herrlichen Sadniggipfel, merken wir aber auch, daß die Sonnblickgruppe nicht mehr weit ist. Das landschaftlich außerordentlich schöne Fleißtal vermittelt dabei von Heiligenblut aus den Zugang zu dem schon legendären Sonnblick-Observatorium.
Mit der Sonnblick- und Ankogelgruppe, der »Hochalm« und dem Groß-

glocknergebiet hat Kärnten auch einen wesentlichen Anteil am Nationalpark Hohe Tauern, zu dem im Juli 1983 Kärnten sein eigenes Nationalparkgesetz beschloß. Die Touren in den Bergen der Hohen Tauern zeichnen sich durch besondere landschaftliche Reize und hochalpine Exponiertheit aus. Zudem führen diese Anstiege des öfteren in Gletscherregionen und weisen dementsprechende Aufstiegslängen und Höhenunterschiede auf.

Die Großglockner-Hochalpenstraße (ab Mai meistens wieder geöffnet) bringt einen rasch in eine relativ hohe Ausgangslage und erleichtert dadurch wesentlich den Schizustieg zu den Eisriesen der Glocknergruppe. Den Westausläufer Oberkärntens bildet die Schobergruppe mit ihren felsigen Schigipfeln, die allesamt prächtige Ausblicke vermitteln, wohl aber Kondition, Erfahrung und sogar etwas Kletterkönnen voraussetzen. Fahren wir dann das Mölltal nach Winklern wieder zurück, so stehen wir am Beginn der Kreuzeckgruppe, deren Südseite einige lohnende Schiunternehmungen bietet.

Im Osten Oberkärntens bildet die Turracherhöhe mit ihrer 23% steilen Paßstraße nicht nur den Ausläufer dieses Schitourenbandes, sondern auch den Übergang von Kärnten in die Steiermark. Die Gurktaler Alpen ermöglichen uns noch einige nette Schirouten mit Klasseabfahrten.

Der »1. Kärntner Schitourenführer«, Band 2, umfaßt hingegen die übrigen Kärntner Gebirgszüge, vor allem aber den Südteil. Dabei werden Touren in den Karnischen Alpen, Gailtaler Alpen, Karawanken, in der Sau- und Koralpe beschrieben.

Berggruppen

Hafnergruppe	Hafner 3076 m
Hochalmspitzgruppe	Hochalmspitze 3360 m
Ankogelgruppe	Ankogel 3246 m
Goldberggruppe	Gesselkopf 2974 m
Sadniggruppe	Sadnig 2745 m
Sonnblickgruppe	Sonnblick 3105 m
Glocknergruppe	Großglockner 3798 m
Schobergruppe	Petzeck 3283 m
Kreuzeckgruppe	Polinik 2784 m
Reißeckgruppe	Reißeck 2965 m
Nockberge	Rosennock 2440 m
Gurktaler Alpen	Eisenhut 2441 m

Zum allgemeinen Gebrauch

Alle Tourenvorschläge sollen nur Hinweisrichtlinien sein, die jederzeit durch Varianten erweitert oder verkürzt werden können.
Die Aufstiegsangaben sind Durchschnittswerte (300–400 Höhenmeter/Stunde), die von subjektiven Faktoren (Kondition, Spuranlage etc.) und auch von objektiven Faktoren (Schneeverhältnisse, Wetterlage) abhängig sind. Die Routenbeschreibungen sind im Sinne des Aufstieges zu verstehen, wogegen die geographischen Bezeichnungen (Kämme, Grate . . .) orographisch zu sehen sind.
Die Angaben über die ***beste Zeit*** zur Durchführung der Schitour sind als Anhaltspunkte gedacht, in welchem Zeitraum üblicherweise die idealsten Bedingungen herrschen. Äußere Umstände wie Wetterlage, gesperrte Zufahrtsstraßen und Wildsperren können dabei Änderungen hervorrufen.
Die Anstiegs- und Abfahrtserklärungen sind kurz gehalten und nur mit den wichtigsten Angaben versehen. Um sich auf der Route wirklich orientieren zu können, ist die angegebene Karte unbedingt notwendig. Die dabei genannten Karten sind sehr genau und haben sich als ideal erwiesen. Die genauen Angaben über die jeweiligen Hütten entnehmen sie bitte dem Alpenvereinshüttenbuch.
Grundsätzlich sind nur im allgemeinen lawinensichere Anstiege beschrieben, was nicht bedeutet, daß keine Lawinengefahr besteht. Auf besondere Gefahren wird hingewiesen.
Die Schwierigkeitsbewertung unterliegt folgenden Kriterien:
Leicht: Aufstiege über flaches bis mittelsteiles Gelände (20–25 Grad) sowie einfache Spurwahl. Die sich daraus ergebenden Abfahrten mit Stemmschwung und Richtungsänderung im Tiefschnee sind durchzuführen (maximal 800 Höhenmeter).
Mittel: Aufstiege über mittelsteiles Gelände (bis 30 Grad), wobei die Spuranlage bedingt durch das Gelände schon schwieriger zu gestalten ist (800–1200 Höhenmeter). Bei den Abfahrten ist das sichere Beherrschen des Stemmschwunges notwendig, wobei abwechslungsreiches Gelände passiert wird.
Schwer: Aufstiege im mittelsteilen bis steilen Gelände (25–35 Grad) ab 1000 Höhenmeter mit schwierigerer Spurwahl im alpinen und hochalpi-

nen (Gletscher-)Gelände. Die sich daraus ergebenden Abfahrten im hochalpinen Gelände, bei wechselnden Schneearten, Geländeneigungen und Geländearten weisen eine entsprechende Länge auf und erfordern sicheren Stemm- und Parallelschwung. Alpine Erfahrung ist notwendig. Bei Gletscherrouten ist Gletscherausrüstung erforderlich (Pickel, Steigeisen und Seil). Ebenso sollte immer ein Verschüttetensuchgerät pro Person mitgeführt werden.
Da auch viele Touren durch Wälder führen, möchte ich hier noch auf die jeweils geltenden Forstgesetze aufmerksam machen, die das Befahren von Jungwäldern (Bäume bis zu 3 m Höhe) und Aufforstungen untersagen. Auch als Schibergsteiger sollten wir zum Forst- und Wildschutz beitragen, im Interesse der Natur und aller Bergsteiger. Halten wir auch die Natur sauber und führen wir ein Leben mit der Natur und nicht gegen sie.
Sollten sich auf den beschriebenen Touren irgendwelche Veränderungen ergeben haben, dann lassen Sie es uns bitte wissen:

Manfred Korbaj
Parkweg 11
A-2352 Gumpoldskirchen

Abkürzungen: AV = Alpenverein
bew. = bewirtschaftet
ganzj. = ganzjährig
Hm = Höhenmeter
ÖK = Österreichische Karte

Tourenplanung

Vorbereitung:

○ Körperliche und geistige Vorbereitung bzw. Fitneß
○ Lawinen- und Wetterbericht abhören und erkunden
○ Schnee- und Wetterlage der letzten Tage erfragen (Windrichtung)
○ Wahl der richtigen Tour (Selbsteinschätzung und Toureinschätzung)
○ Karten- und Führerstudium, Tourenplanung
○ Ortskundige oder Einheimische befragen
○ Schneedeckenaufbau, Schneeprofil

Ausrüstung:

○ Tourenschi und Stöcke
○ Steigfelle
○ Tourenschischuhe
○ Überanzug und Reservewäsche
○ Biwaksack und Rettungsdecke
○ Verbandsmaterial
○ Karten, Bussole, Höhenmesser
○ Taschenlampe
○ Reparaturzeug
○ Proviant und warmes Getränk
○ Verschüttetensuchgerät
○ Lawinenschaufel
○ Seil, Pickel und Steigeisen (falls erforderlich)

Tour 1: Katschberg/Freiberg, 1900 m

Talort:	Rennweg, 1221 m
Aufstieg:	Kurz vor Rennweg in der Mühlbachkurve beim Gasthof Mühlbach steigt man zuerst über freie Wiesen zum Saraberg auf. In der Höhe des letzten Hofes wendet man sich dann nach rechts und steigt durch eine Waldschneise auf. Über Waldweg und Forststraße hinauf zu den Saraberger Wiesen. Über diese zum Liftgebiet des Katschberges. (600 Hm/1½–2 Stunden)
Abfahrt:	wie Aufstieg über Saraberg
Stützpunkte:	Gasthof Mühlbach, 1250 m Gasthöfe am Katschberg, 1641 m
beste Zeit:	Dezember bis März
Schwierigkeit:	leicht, oft auch gespurt und gewalzt
Karte:	ÖK 1:50.000, Blatt 157

Der Saraberg-Aufstieg ist ein gemütlicher Anstieg, der direkt in das Liftgebiet des Katschberges führt. Ein Anstieg, der auch für Schitourenanfänger als Einstieg ganz ideal ist. Natürlich kann man mit dieser Tour auch die Tour 2 auf das Kareck verbinden, die dann aber vom Freiberg über die Gontalscharte, 1911 m, führt, um so das Gontal zu erreichen und das Kareck wie bei Tour 2 zu ersteigen.

Auch die Abfahrt führt über sanfte Wiesen und ermöglicht dadurch nicht nur ein Hineintasten in die »Faszination Tiefschnee«, sondern auch für den Könner bringt diese Route eine abwechslungsreiche Naturabfahrt.

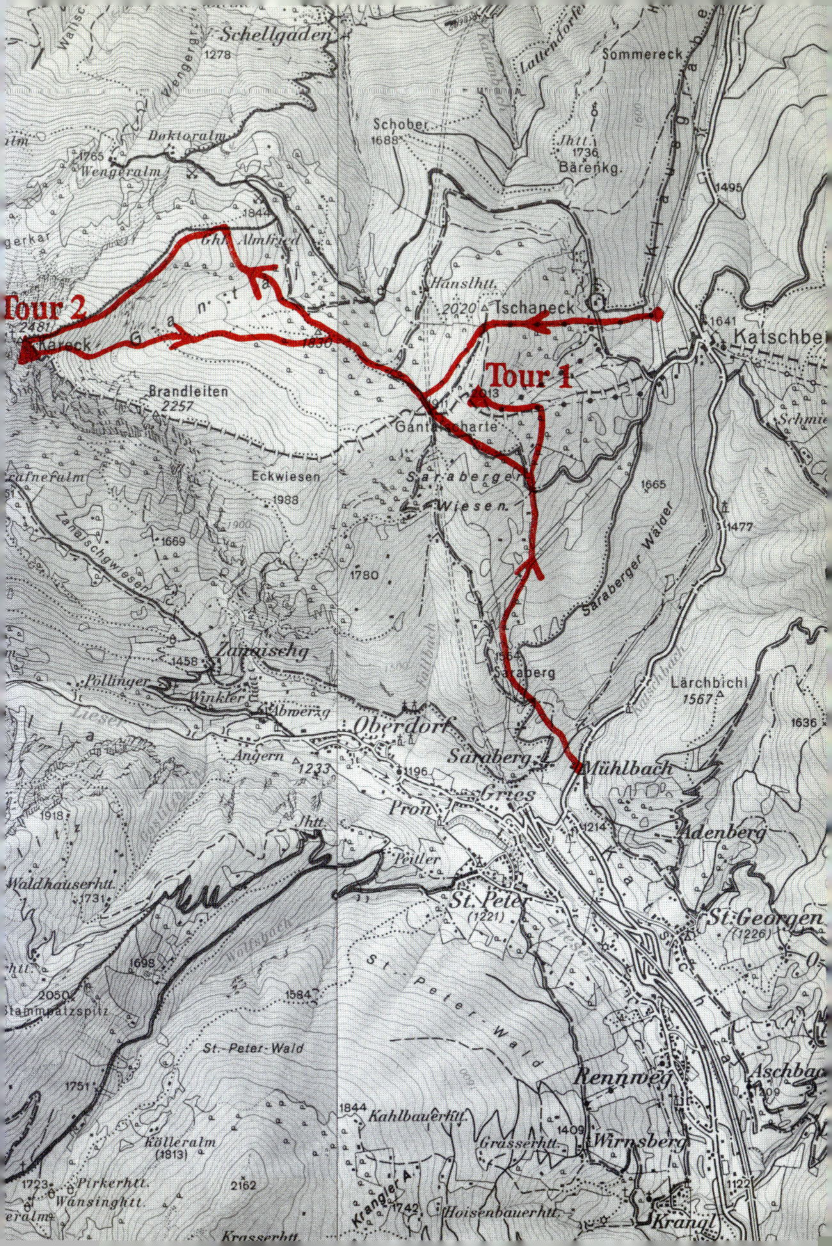

Tour 1
Tour 2
Schellgaden
Doktoralm
Wengeralm
Ghh. Almfried
Schober
1688
Sommereck
Bärenkg.
Tschaneck
2020
Katschberg
1641
Kareck
2481
Brandleiten
2257
Gantalscharte
Eckwiesen
1988
Saraberger Wiesen
1665
Saraberger Wälder
1477
1780
Zanaischg
Pöllinger
Winkler
Abwerzg
Oberdorf
Saraberg
Lärchbichl
1567
1636
Mühlbach
Angern
1233
Gries
Pron
1214
Adenberg
Waldhauserhtt.
1731
Peitler
St. Peter
(1221)
St. Georgen
(1226)
1698
2050
Stammpatzspitz
1584
St.-Peter-Wald
Rennweg
Aschbach
1751
1844
Kahlbauerhtt.
1409
Wirnsberg
Grasserhtt.
Kölleralm
(1813)
1723
Pirkerhtt.
Wansinghtt.
2162
Krangler A.
1742
Hoisenbauerhtt.
Krangl
1122

Tour 2: Kareck, 2481 m

Talort:	Rennweg, 1221 m
Aufstieg:	Am besten mit dem Schibus von Rennweg auf den Katschberg und mit dem Tschanecklift zum Tschaneckgipfel, 2020 m. Vom Gipfel Abfahrt in südwestlicher Richtung zur Gontalscharte, 1911 m. Nun beliebige Querung ins Gontal in Richtung Almhütten. Von diesen Aufstieg in nördlicher Richtung über einen steilen Hang auf den Kareck-Ostgrat. Über diesen zum Gipfel. (600 Hm/2 Stunden)
Abfahrt:	Wie Aufstieg durch das Gontal zum Almfried-Gasthof, oder – wenn es die Verhältnisse erlauben – über die Kareck-Ostflanke sehr steil ins Gontal (Vorsicht Lawinengefahr). Vom Almfried über die Forststraße zum Katschberg. Bei markanter Kehre, Wegtafel zum Almfried, einen engen Graben hinunter bis zur Talstation des Königswiesenliftes. Über die Familienabfahrt nach St. Michael oder mit dem Lift zum Freiberg und dann Abfahrt nach Rennweg.
Stützpunkte:	Almfried-Gasthof, 1600 m (ganzj. bew.)
beste Zeit:	Dezember bis April
Schwierigkeit:	leicht, Kareck-Ostflanke steil und lawinengefährlich
Karte:	ÖK 1:50.000, Blatt 156, 157

Westlich des Katschbergs steht das Kareck als östlichster Ausläufer der Hohen Tauern. Die 40 Grad steile Ostflanke lockt zu einer Schibefahrung. Die einsame Spur zieht sich vom Gipfel bis in das Gontal hinab. Bis lange in das Jahr hinein findet man hier noch staubenden Pulverschnee.
600 Höhenmeter Aufstieg und eine gewaltige Abfahrt von ca. 15 km Länge über 1500 Höhenmeter bis ins Tal nach St. Michael oder Rennweg sind schon ein sehr einladender Steckbrief für diese Tour.

Tour 3: Aineck, 2210 m
Bonnerhütte, 1713 m

Talort:	Rennweg, 1221 m
Aufstieg:	Von der Katschberghöhe, 1641 m, mit der Aineck-Doppelsesselbahn auf das Aineck, 2210 m. Bis zum Gipfel ca. 150 m.
Abfahrt:	Abfahrt entlang der Piste und vor der ersten großen Kurve Querung Richtung Teuerlnock. Nun beliebige Abfahrt über die Aineckalm zu markanter großer Almhütte. Von dieser durch lichten Wald in östlicher Richtung zur Bonnerhütte. Von der Hütte entlang des Lausnitzbaches bis zur Straße. Nach Rennweg benutzt man die sich einem bietenden freien Hänge je nach Wahl. (1000 Hm/1–2 Stunden)
Stützpunkte:	Aineck-Adlerhorst, 2210 m (Dezember bis April bew.) Bonnerhütte, 1713 m (Dezember bis April bew.)
beste Zeit:	Jänner bis April
Schwierigkeit:	leicht
Karte:	ÖK 1:50.000, Blatt 157

1000 Abfahrtshöhenmeter im unverspurten Gelände vom Aineck bis vor die Tore Rennwegs bringen auf dieser Tour einige Abwechslung mit sich. Zuerst ein Stück Piste, dann lange gemütlich sanfte Almhänge, Schußfahrten durch lichte Wälder und als krönender Abschluß freie weite Hänge bis zur Katschberg-Bundesstraße hinunter.
Die Einkehr in die gemütliche Bonnerhütte steht natürlich als Pflichtteil am Programm. Nach einer guten Kärntner Speckjause geht's dann im Schuß durch den Lausnitzgraben bis vor die ersten Gehöfte, wo uns dann noch die Abschlußhänge nach Rennweg in Empfang nehmen.
Es ist auch möglich, diese Tour in umgekehrter Reihenfolge zu gehen. Man fährt dazu mit dem Auto bis zu den Sampl-Gehöften auf ca. 1400 m, muß dann aber auch auf die Abschlußhänge nach Rennweg verzichten.

Katschberg
1641
Aineck
2210
Tschaneck
Bärenkg.
Jhtt.
1736
1495
St. Margarethner-Aineckhtt.
Sandrieseralm
1600
Branntweineralm
1768
Kesselbacheralm
Kohlstatt
2166
Schmiedhtt.
Pareibner Alm
Aineckhtt.
1849
Schlögelberghtt.
1665
Saraberger Wälder
1477
1742
Teuerlnock
2145
Sackgraben
1783
Laußnitzhöhe
1564
Saraberg
Lärchbichl
1567
Bramleiten
1636
Laußnitzer Almwiesen
1736
Mühlbach
1214
Adenberg
Laußnitzer Wald
Laußnitzbach
1814
St. Georgen
(1226)
Sampel
Frankenberg
Sandberghöhe
1936
Atzensberger Wald
Rennweg
Aschbach
1766
Zikerhtt.
Atzensberger A.
1409
Wirnsberg
Laußnitz
1122
Kramerbichl
2020
Krangl
Gruber
1621
Steinwand
Brugg
Peintleralm
2019
Turnhöhe
1435
Atzensberg
1112

Tour 12
Tour 3
Tour 13
Tour 14
Schlögelberg
Palzenberger
Grubacherwald
Kristagraben
Gautsch
Schmalzeralm
Plürsgraben
Johns
Kraxner
Bundschuh
Poschwald
Röhrlbrünnl
Wirtsalm
Schafitteralm
Esseralm
Schöngelitzalm
Kocherhtt.
Fingerlosalm
Alpengasthof
Fischer
Schöngelitzhöhe
Bonner Htt.
Haißalm
Untere Reifensteineralm
Obere-Reifensteineralm
Draxlalm
Müllerhtt.
Feldbach
Heubachrücken
Heubachalm
Grallalm
Untere Grillhoferalm
Wirtsnock
Laußnitzalm
Rupenhöhe
Roter Riegel
Untere Pichlbaueralm
Thomannbaueralm
Untere Tonibaueralm
Obere Pichlbaueralm
Otthütten
Schwarzwand
Pfarralm
Bruggeralm
Gmeinnock
Lenzenhöhe

Tour 4: Sternspitze, 2497 m

Talort:	Rennweg/St. Peter, 1230 m
Aufstieg:	Von St. Peter entlang einer Forststraße in das Wolfsbachtal bis auf ca. 1700 m Höhe (Almhütten). Nun nach rechts zuerst auf einem Güterweg, dann über die SO-Flanke in vielen Kehren zum Gipfel. (1100 Hm/3–3½ Stunden)
Abfahrt:	wie Aufstieg
Stützpunkte:	keine
beste Zeit:	März
Schwierigkeit:	mittel, Vorsicht bei starken Neuschneefällen
Karte:	ÖK 1:50.000, Blatt 156, 157

Die Schitour auf die Sternspitze ist eine hochalpine Schiroute und nur bei sicheren Verhältnissen durchzuführen. Bei Pulver oder Firn bietet die weite SO-Flanke schon einen Schigenuß à la carte.
Schwung auf Schwung reiht man dann in einem schier endlos scheinenden Hang, der dann im Wolfsbachtal sein Ende findet. Aber auch landschaftlich bietet diese Tour einiges. Vom Gipfel überblicken wir das gesamte Pöllatal bis hin zum Hafner. Aber dabei ist es nicht so sehr der Hafner, der den Schibergsteiger reizt, sondern die vielen unberührten Kare und Almen, die einen hier umgeben.
Es ist auch möglich, vom Wolfsbachtal auf das Stubeck aufzusteigen, um dann entweder wie bei Tour 30 nach Rennweg oder entlang des Aufstieges wieder durch das Wolfsbachtal nach St. Peter abzufahren. Ob man nun die eine oder andere Route wählt, jede ist ein spezieller Genuß für sich.

Tour 5: Torscharte, 2106 m
Böseneck, 2526 m

Talort:	Rennweg/St. Peter, 1230 m
Aufstieg:	Von St. Peter auf einer Forststraße durch das Wolfsbachtal. Im Talende steigt man nun nach SW über die freien Karflächen des Wolfsbaches zur Torscharte auf. (900 Hm/2½–3 Stunden) Über den Südgrat gelangt man zum Gipfel des Bösenecks (von der Torscharte 420 Hm/ 1 Stunde). (1320 Hm/3½–4 Stunden)
Abfahrt:	wie Aufstiege
Stützpunkte:	keine
beste Zeit:	Dezember bis April
Schwierigkeit:	mittel bis schwer, Vorsicht bei Neuschnee am Böseneck-SO-Hang
Karte:	ÖK 1:50.000, Blatt 156, 157

Das Wolfsbachtal bietet schon viele Möglichkeiten lohnender Schitouren. Obwohl sich der Anstieg durch das Wolfsbachtal etwas in die Länge zieht, entschädigen dann aber die über 800 Höhenmeter langen und auch durchwegs freien Hänge vollends.
Vom Wolfsbachtal ist es auch möglich, auf die 2620 m hohe Wandspitze, einen eher unbekannten Nachbargipfel der Sternspitze zu steigen. Als Anstieg benützt man vom Talende das nach SO ziehende Wandspitzkar, um so kurz vor dem Gipfel den Nordgrat zu erreichen. In wenigen Minuten gelangt man von diesem Punkt am Grat zum Gipfel. Eine eher unbekannte Route, dafür aber die längste in dieser Reihe, nämlich 1400 Höhenmeter sind im Anstieg und in der Abfahrt zu bewältigen. Eine Klasse-Frühjahrsschiroute mit einer überaus ansprechenden Abfahrt.

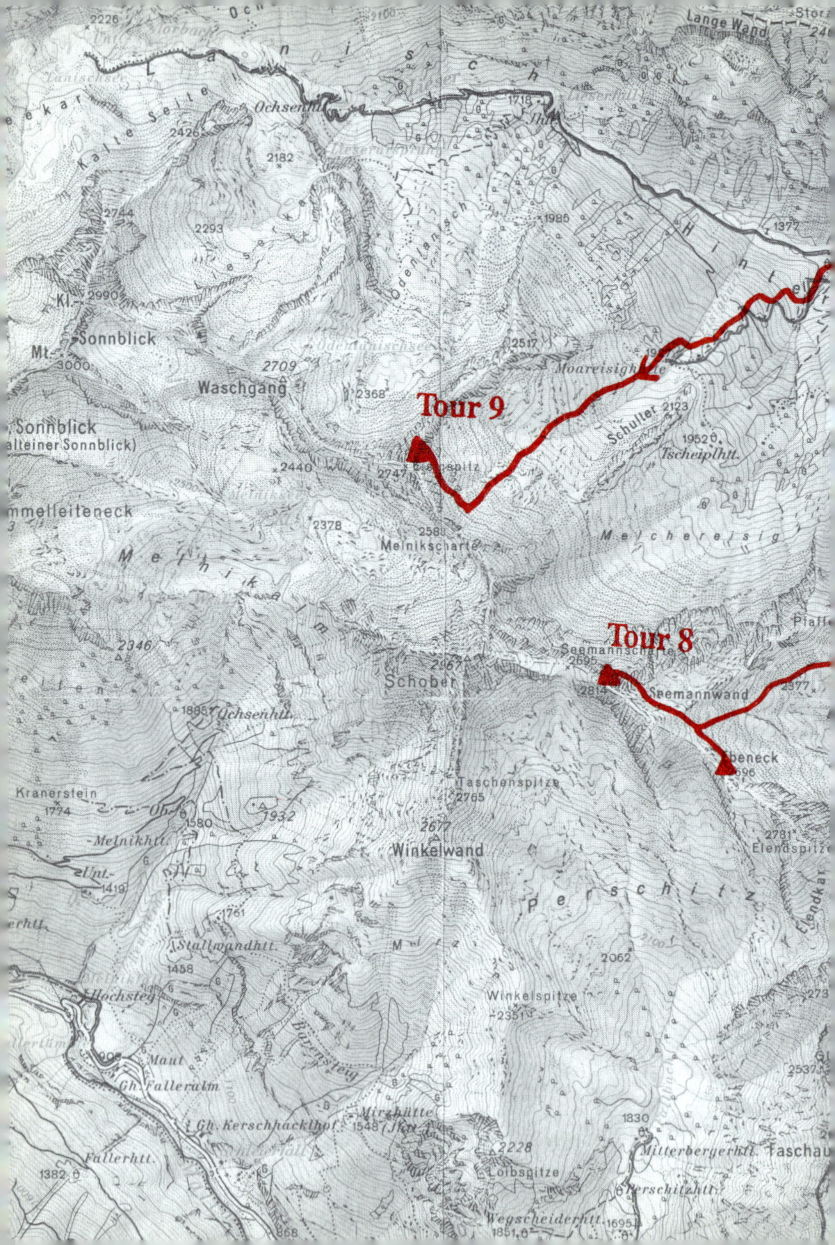
Tour 9
Tour 8
Lange Wand
Ochsenhtt.
Kalte Seite
Kl.
Sonnblick
Mt.
Waschgang
Sonnblick
Moareisighütte
Schulter
Tscheiplhtt.
Melnikscharte
Melchereisig
Seemannscharte
Seemannwand
Schober
Ochsenhtt.
Kranerstein
Taschenspitze
Winkelwand
Elendspitze
Melnikhtt.
Stallwandhtt.
Hochsteg
Winkelspitze
Maut
Gh. Falleralm
Gh. Kerschhacklhof
Mirzhütte
Fallerhtt.
Loibspitze
Mitterbergerhtt.
Perschitzhtt.
Wegscheiderhtt.

Tour 4
Tour 5
Tour 6
Tour 7
Schlungkopf
2406
Aignerkar
Stöcklalm
Doktoralm
Wengeralm
Wallschkar
Wengerkar
Ghf. Almfried
Brandriegel
2371
2309
Steinwandeck
2474
2481
Kareck
Brandleiten
2257
Eckwiese
1988
Strafneralm
1761
Zanaischgwiesen
Melcherhtt.
Veithtt. (1339)
Pfarrhütte
1746
1307
Tendlalm
1299
1458
Pöllinger
Winkler
Angern
Girlitzspitze
2468
1748
Girlitz A.
Lasörnhütte
Jhtt.
1865
1918
Waldhauserhtt.
1731
Peitlerhtt.
1698
1584
Sternspitze
2497
Stammeatzspitz
Wandspitze
2620
St.-Peter-Wald
2149
1751
Ochsenhtt.
2193
2415
Köllerlalm
(1813)
Pirkerhtt.
Wansinghtt.
Zickeralm
2162
Krasserhtt.
Hirneck
Torscharte
Maltinger Alpl

Tour 6: Hirneck, 2217 m

Talort:	Rennweg/St. Peter, 1230 m
Aufstieg:	Von St. Peter durch das Wolfsbachtal fast bis ins Talende. Kurz vor einem Marterl zweigt nach links ein Fahrweg zur Zickeralm ab. Über diesen zur Alm, dann in südlicher Richtung rechts des Luckebaches aufwärts bis in eine Höhe von 1880 m. Nun hält man sich nach Osten und gelangt so über freie Hänge auf das Hirneck. (1000 Hm/2½–3 Stunden)
Abfahrt:	wie Aufstieg oder über die NW-Hänge zur Kölleralm, 1813 m, und durch anschließenden Wald ins Wolfsbachtal zurück.
Stützpunkte:	keine
beste Zeit:	Jänner bis April
Schwierigkeit:	leicht
Karte:	ÖK 1:50.000, Blatt 156, 157

Das Hirneck ist ein Schiberg, der in seiner Besteigung, wie auch in der Abfahrt einige Variationsmöglichkeiten bietet. Vom Stubeck kann man das Hirneck über die Karscharte besteigen. Eine andere lohnende Möglichkeit bietet die Schiroute von Rennweg ab den Wirnsberggehöften über die Hoisenbauer- und Kras ngleralmen. 800 Höhenmeter über freies Almgelände lassen schon ein genußvolles Schwingen zu. Noch dazu ist diese Route von Rennweg aus auch bei ungünstigen Wetterbedingungen durchführbar.

Tour 7: Stammpatzspitz, 2050 m

Talort:	Rennweg/St. Peter, 1230 m
Aufstieg:	Von St. Peter in das Wolfsbachtal. Nach der zweiten Kehre zweigt man nach rechts Richtung Norden zu einer Jagdhütte auf einem Fahrweg ab. Man folgt nun diesem Weg in Kehren, bis man auf den Stammpatzspitz-NO-Rücken gelangt. Über diesen zum Gipfel. (800 Hm/ 2 Stunden)
Abfahrt:	wie Aufstieg oder über die freien SO-Hänge ins Wolfsbachtal.
Stützpunkte:	keine
beste Zeit:	Dezember bis März
Schwierigkeit:	leicht
Karte:	ÖK 1:50.000, Blatt 156, 157

Der Stammpatzspitz ist eine Tour, bei der man das Wolfsbachtal-Tourengebiet wunderbar einsehen kann und die man auch bei Schlechtwetter unternehmen kann.
Der Stammpatzspitz ist ja ein der Sternspitze vorgelagerter Gipfel, über dessen Verbindungsgrat man auch zur Sternspitze aufsteigen kann. Welche Tour man nun auch immer im Wolfsbachtal wählt, bei all diesen Unternehmungen wird einem ein exzellentes Schivergnügen mit unvergeßlichen Landschaftseindrücken zuteil.

Tour 8: Seemannwand, 2814 m

Talort:	Rennweg/Oberdorf, 1230 m
Aufstieg:	Mit dem Auto ins Pöllatal, wenn möglich bis zur Tendlalm, 1290 m. Von der Alm nach links über eine Brücke und entlang einer Forststraße (rot markiert, Nr. 13) zuerst neben dem Lasörnbach, dann in Kehren aufwärts

und durch lichten Wald zur Lasörnhütte, 1865 m. Es ist auch möglich, zuerst auf der Forststraße immer entlang des Lasörnbaches, dann durch einen Waldweg, der die Forststraße im oberen Teil trifft, aufzusteigen. Von der Hütte nach Westen und aufwärts zu einem Zaun. Nach NW über kupiertes Gelände und durch eine Mulde neben den Girlitzspitzwänden zum Lasörnsee. In Richtung W durch das Lasörnkar in die Perschitzscharte, 2700 m. Die Perschitzscharte stellt die Verbindung zwischen Seemannwand und Ebeneck, 2696 m, dar (in der ÖK 156 nicht eingetragen). Über den SO-Grat zum Gipfel. Man kann von der Lasörnhütte auch gleich nach Westen über mehrere Geländestufen im Lasörnkar zur Perschitzscharte aufsteigen. (1500 Hm/4–5 Stunden)

Abfahrt: wie Aufstieg

Stützpunkte: keine

beste Zeit: März bis April

Schwierigkeit: schwer, Vorsicht bei Neuschnee im Aufstieg zur Scharte!

Karte: ÖK 1:50.000, Blatt 156, 157

Die Schiroute auf die Seemannwand durch das weite ausladende Lasörnkar zählt zu den landschaftlich schönsten Routen Oberkärntens. Schon das Pöllatal alleine mit seinen nach allen Seiten aufragenden Gipfeln und weiten Karen ist einen Besuch wert. Wenn man dann auf fast 3000 m Höhe am Gipfel steht, dann weiß man, auf einer Schiroute im Ausläufer der Hohen Tauern zu sein, denn der Hafner und die Ankogelgruppe sind zum Greifen nah.
Die Abfahrt, 1500 Höhenmeter, die einen im Aufstieg so manchen Schweißtropfen vergießen lassen, führt uns über genußvolles und abwechslungsreiches alpines Gelände. Im Lasörnkar können wir vom Schwingen gar nicht genug bekommen, überhaupt dann, wenn im März noch staubender Pulverschnee unser Begleiter ist.
Als extreme Abfahrt kann man auch die Nordrinne von der Pfaffenscharte ins Pöllatal wählen, natürlich nur im Frühjahr und da nur bei sicheren Bedingungen.

Tour 9: Melnikscharte, 2588 m
Eisigspitz, 2747 m

Talort: Rennweg/Oberdorf, 1230 m

Aufstieg: Mit dem Auto ins Pöllatal, wenn möglich bis zum Jagdhaus. Vom Jagdhaus in der Pölla steigt man auf einem Fußweg durch Wald in südwestlicher Richtung zur Moareisighütte, 1927 m, auf. Nun befindet man sich schon in dem großen Kar, durch das der Anstieg verläuft. Von der Hütte immer gerade aus, je nach Bedingungen (Schidepot) in südwestlicher Richtung, zuletzt sehr steil in die Melnikscharte. Über den Südostgrat zum Gipfel des Eisigspitzes. (1400 Hm/4 Stunden)

Abfahrt: Wie Aufstieg oder von der Melnikscharte in nordöstlicher Richtung über den Rücken oberhalb der Schulter (Felssporn, der das Kar oberhalb der Moareisighütte vom Melchereisigkar trennt) abfahren, um dann etwas rechts der Schulter zur Tscheipelhütte, 1952 m, zu gelangen. Von der Hütte hält man sich links und fährt über freie Wiesen und anschließenden Wald links eines Grabensystems zum Jagdhaus in der Pölla ab.

Stützpunkte: keine

beste Zeit: März bis April (Mai)

Schwierigkeit: schwer und alpin, Vorsicht bei Lawinengefahr im Aufstieg zur Scharte

Karte: ÖK 1:50.000, Blatt 156, 157

Die Touren links und rechts des Pöllatales zeichnen sich nicht nur durch ihre Länge und die damit verbundenen Abfahrtsgenüsse aus, sondern auch durch ihre alpine Lage im Ausläufer der Hafnergruppe. Fast alle Routen sind reine Frühjahrstouren. Wenn die Lawinen bereits aus ihren Hanglagen geglitten sind, dann sind diese Touren aber echte »Oberkärntner Schischmankerl«.

Tour 10: Waschgang, 2709 m

Talort:	Rennweg/Oberdorf, 1230 m
Aufstieg:	Vom Jagdhaus in der Pölla entlang einer Forststraße bis zu einem Marterl vis-à-vis des Lieserfalles, 1718 m. Nun wendet man sich nach SW und gelangt über eine Jagdhütte bald in das freie Gelände des Ödenlanischkares. Durch dieses aufwärts, links des Ödenlanischsees vorbei, in einer flachen Schleife durch Karmulden in südwestlicher Richtung auf den NW-Grat zwischen Kleinen Sonnblick und Waschgang. Am Grat zum Gipfel. (1350 Hm/4 Stunden)
Abfahrt:	wie Aufstieg
Stützpunkte:	keine
beste Zeit:	April bis Mai
Schwierigkeit:	schwer und alpin; erst wenn alle Lawinen im Tal sind
Karte:	ÖK 1:50.000, Blatt 156, 157

Der Waschgang ist eine späte Frühjahrstour für alle jene, denen es nichts ausmacht, ihre Schi auch einmal für eine Superabfahrt zu schultern und ein Stück des Weges zu tragen. Der Anstieg durch das Ödenlanischkar, der landschaftlich schon einiges bietet, wird einem dann diese kleinen Mühen wahrlich lohnen. Abgefahren kann auch durch das Lieserkar werden und über die Ochsenhütte wieder hinunter ins Pöllatal. Voraussetzung bei all diesen Touren sind sichere Frühjahrsverhältnisse und eine gute Sicht, um sich hier im alpinen Gelände der Hafnergruppe zurecht zu finden.

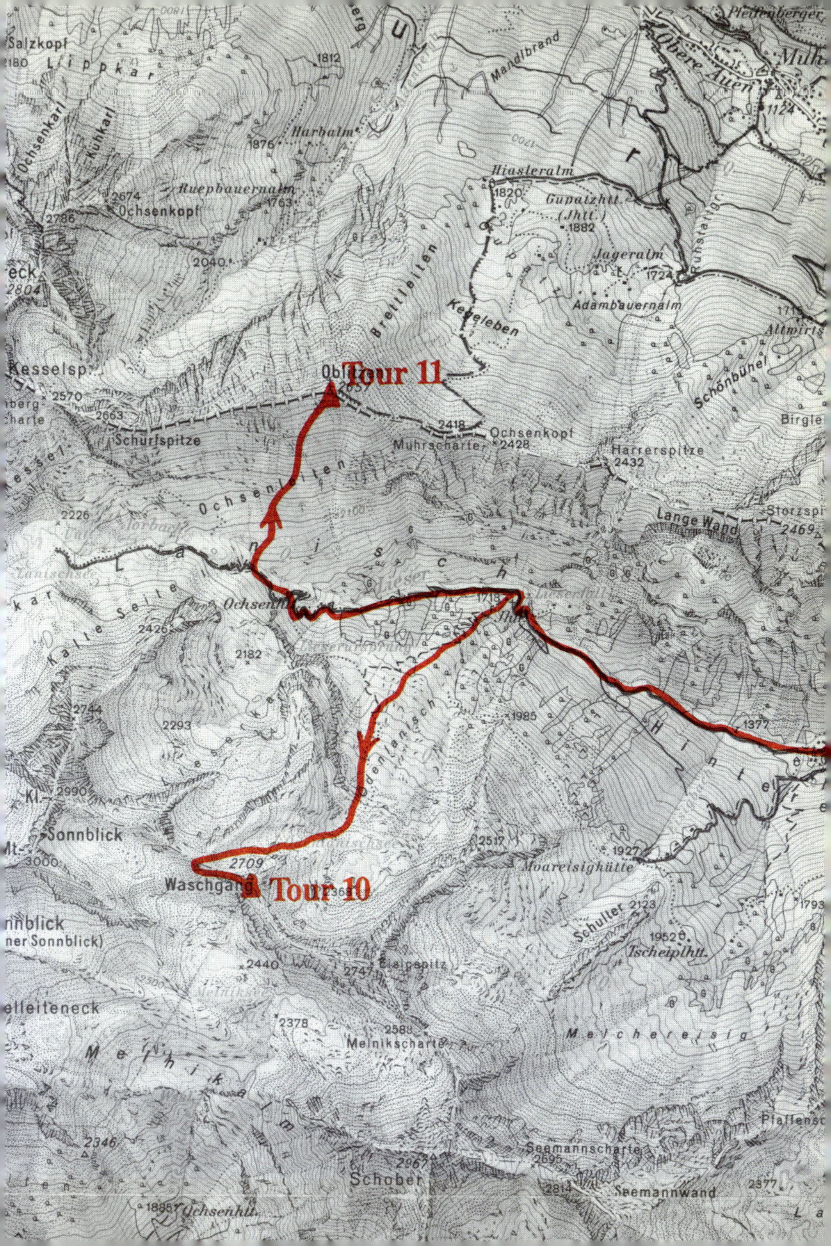
Tour 11
Tour 10
Salzkopf
Ochsenkarl
Kühkarl
Ochsenkopf
Ruepbauernalm
Harbalm
Mandlbrand
Obere Auen
Hiasleralm
Gupalzhtt.
(Jhtt.)
Jageralm
Adambauernalm
Brettleiten
Kesseleben
Schönbühel
Kesselsp.
Schurfspitze
Muhrscharte
Ochsenkopf
Harrerspitze
Lange Wand
Ochsenleiten
Kalte Seite
Lieserhtt.
Sonnblick
Waschgang
Moareisighütte
Schulter
Tscheiplhtt.
Zieigspitz
Melnikscharte
Melchereisig
Seemannscharte
Seemannwand
Schober
Ochsenhtt.
1812
1876
2674
1763
2786
2040
2804
1820
1882
1724
2570
2663
2418
2428
2432
2469
2226
2100
1718
2426
2182
1985
1377
2744
2293
2990
3000
2517
1927
2709
2123
1952
2440
2747
2378
2558
2346
2967
2695
2814
2377
1885

Tour 11: Oblitzen, 2657 m

Talort:	Rennweg/Oberdorf, 1230 m
Aufstieg:	Vom Jagdhaus in der Pölla auf einer Forststraße zur Ochsenhütte, 1920 m. Nun in nördlicher Richtung über die freien Hänge der Ochsleiten zum höchsten Punkt. (1300 Hm/4 Stunden)
Abfahrt:	wie Aufstieg, über die Südhänge der Ochsleiten
Stützpunkte:	keine
beste Zeit:	April bis Mai
Schwierigkeit:	mittel, aber lang
Karte:	ÖK 1:50.000, Blatt 156, 157

Wenn auch der Zustieg zu den eigentlichen Schihängen lang ist, so hat man es aber dennoch auf den Oblitzen-Südhängen mit einem grandiosen Firnfurioso zu tun. Fast 800 Höhenmeter gleichmäßige steile Hangneigung im schmierigen April- oder Maifirn spricht, so glaube ich doch, für sich selbst.

Die Oblitzen ist aber nicht nur ein schöner Schiberg, sondern auch ein wunderbarer Aussichtsberg, der einem das Murtal mit dem gesamten Weißeckkamm eröffnet. Silbereck, Kesselspitze und Hafner sind zum Greifen nahe und werden nur durch die Lanischkare von der Oblitzen getrennt.

Wer also die Zustiegsmühen bis zur Ochsenhütte auf sich nimmt, wird sicher auf der Oblitzenroute fürstlich mit Firngenüssen belohnt.

Tour 12: Schöngelitzhöhe, 1811 m

Talort:	Bundschuhtal, 1330 m
Aufstieg:	Nach der Kurve (Forsthaus, Hochofenmuseum) geht es nach links über eine Brücke auf einer Forststraße am Blareitbach entlang zu Punkt 1599 m. Nun biegt man auf der Forststraße scharf nach Norden ab und gelangt in einer Linkskurve zur Bonnerhütte, 1713 m. Von der Hütte in Richtung NO zum Gipfel. (500 Hm/1½–2 Stunden)
Abfahrt:	wie Aufstieg, oder – wenn zweites Auto vorhanden – durch den Leißnitzgraben nach St. Margarethen im Lungau.
Stützpunkte:	Bonnerhütte, 1713 m (Dezember bis April bew.)
beste Zeit:	Dezember bis April
Schwierigkeit:	leicht
Karte:	ÖK 1:50.000, Blatt 157

Mit der Schöngelitzhöhe kann man auch eine Besteigung des Ainecks, 2210 m, über die sehr ausladenden Aineckalmen verbinden. Da man hier aber auf das Liftgebiet des Katschberges trifft, ist diese Möglichkeit zu Beginn und am Ende der Schisaison, wenn der Liftbetrieb bereits eingestellt ist, zu empfehlen.
Die Schöngelitzschiroute eignet sich aber auch hervorragend für Neulinge des Schibergsteigens, um mit der Technik des Schitourengehens vertraut zu werden.

Tour 13: Schwarzwand, 2214 m

Talort:	Innerkrems, 1480 m / Gruben, 1000 m / Bundschuh, 1330 m
Aufstieg:	Vom Tal in der Weißseite (Bundschuh) ab Forsthaus 3,4 km leicht ansteigend zur Pfarralm und Morawitzeralm, 1880 m. Nun nach rechts in Richtung Westen, über die Bruggeralm, 1888 m, hinauf in die weiten Mulden rund um die Otthütten, 2038 m. Von hier weiter westwärts in einem Bogen auf den Gipfel. (880 Hm/3 Stunden)
Abfahrt:	wie Aufstieg
Stützpunkte:	keine
beste Zeit:	Jänner bis März
Schwierigkeit:	leicht
Karte:	ÖK 1:50.000, Blatt 157 Kompaß-Wanderkarte 1:50.000, Blatt 67 Alpine Schirouten

Bundschuh ist der Ausgangspunkt von vielen gemütlichen Schitouren, die auch bei Schlechtwetter unternommen werden können. Wie schon die Bergformen der Nockberge sich mit eher sanftem Charakter zeigen, so führen auch die Aufstiege und Abfahrten über weite sanfte Hänge, die in Pulver oder Firn herrliche Schierlebnisse vermitteln. Bestens sind diese Routen auch für Anfänger geeignet, die so einen genußvollen Einstieg in das Schitourengeschehen finden.

◀ ***Aufstieg zum Lenzenbühel. Im Hintergrund die Schwarzwand, eine ebenfalles lohnende Schitour.***

Tour 14: Lenzenbühel, 2106 m

Talort: Bundschuh, 1330 m

Aufstieg: Wie Tour 13 zur Pfarralm, 1682 m. Nun folgt man an der orographisch rechten Talseite einem breiten Weg zur Größingalm, 1934 m, und steigt geradeaus in Richtung Osten zum Gipfel. (770 Hm/3 Stunden)

Abfahrt: wie Aufstieg

Stützpunkte: keine

beste Zeit: Jänner bis März

Schwierigkeit: leicht

Karte: ÖK 1:50.000, Blatt 157
Kompaß-Wanderkarte 1:50.000, Blatt 67 Alpine Schirouten

Vom Lenzenbühel sehen wir dann direkt hinunter ins Schönfeld, wo sich auf der gegenüberliegenden Hangseite auch schöne Schirouten ergeben. Wir aber freuen uns schon auf die Abfahrt, die zur Größingalm hinunterführt und uns den Genuß des Schilaufs in aller Stille vermittelt.
Von der Größingalm kann man auch noch auf die Gaipahöhe, 2192 m, aufsteigen. Man hält sich zuerst nach Osten und steigt dann durch eine Mulde rechts eines Kammes beliebig zum Gipfel. (850 Hm/3 Stunden)
Da die Abfahrt durch Nordmulden führt, findet man meistens staubenden Pulverschnee vor, oft noch bis spät ins Jahr hinein.

Tour 15: Gaipahöhe, 2192 m

Talort: Innerkrems, 1480 m

Aufstieg: Man benützt vorteilhaft den Matehanslift neben der Mehrl-Hütte. Von der Bergstation auf den Kamm und

	über die Matehanshöhe, 2086 m, zur Zechnerhöhe, 2188 m, und weiter zur Gaipahöhe, 2192 m. (400 Hm/1–1½ Stunden)
Abfahrt:	wie Aufstieg, oder über die Blutige Alm auf der Südseite zur Spitalalm nach Innerkrems.
Stützpunkte:	Dr.-Josef-Mehrl-Hütte, 1730 m (ganzj. bew.)
beste Zeit:	Dezember bis März
Schwierigkeit:	leicht
Karte:	ÖK 1:50.000, Blatt 183

Wenn wir auf die Gaipahöhe gehen, müssen wir auch über die Blutige Alm. Hier betreten wir historischen Boden. Wie die Sage berichtet, ist es hier zur Zeit der Völkerwanderung zu einer blutigen Schlacht zwischen Slawen und Bajuwaren gekommen, in der Herzog Diet, der Sohn Tassilos I. und Anführer der Bajuwaren, den Tod gefunden hat.
Das Gelände ist abwechslungsreich und sehr weitläufig und sollte daher nur bei guter Sicht befahren werden, denn bei Nebel kann es zu Orientierungsproblemen kommen, überhaupt dann, wenn die Tour das erste Mal durchgeführt wird.
Sehr lohnend ist auch die Besteigung der Gaipahöhe durch die Weißseite von Bundschuh über die Größingalm. Dabei können Gaipahöhe und Lenzenbühel zusammen bestiegen werden.

Tour 16: Rosaninhöhe, 2280 m

Talort:	Innerkrems, 1480 m
Aufstieg:	Von der Dr.-Josef-Mehrl-Hütte (Schönfeld) geht man nach Süden ins Rosanintal bis zur Rosaninalm, 1810 m. Nun steigt man Richtung Osten zuerst durch Wald über mehrere Geländestufen, dann über die freien Hänge den Gegebenheiten folgend zum Gipfel. (550 Hm/1½–2 Stunden)

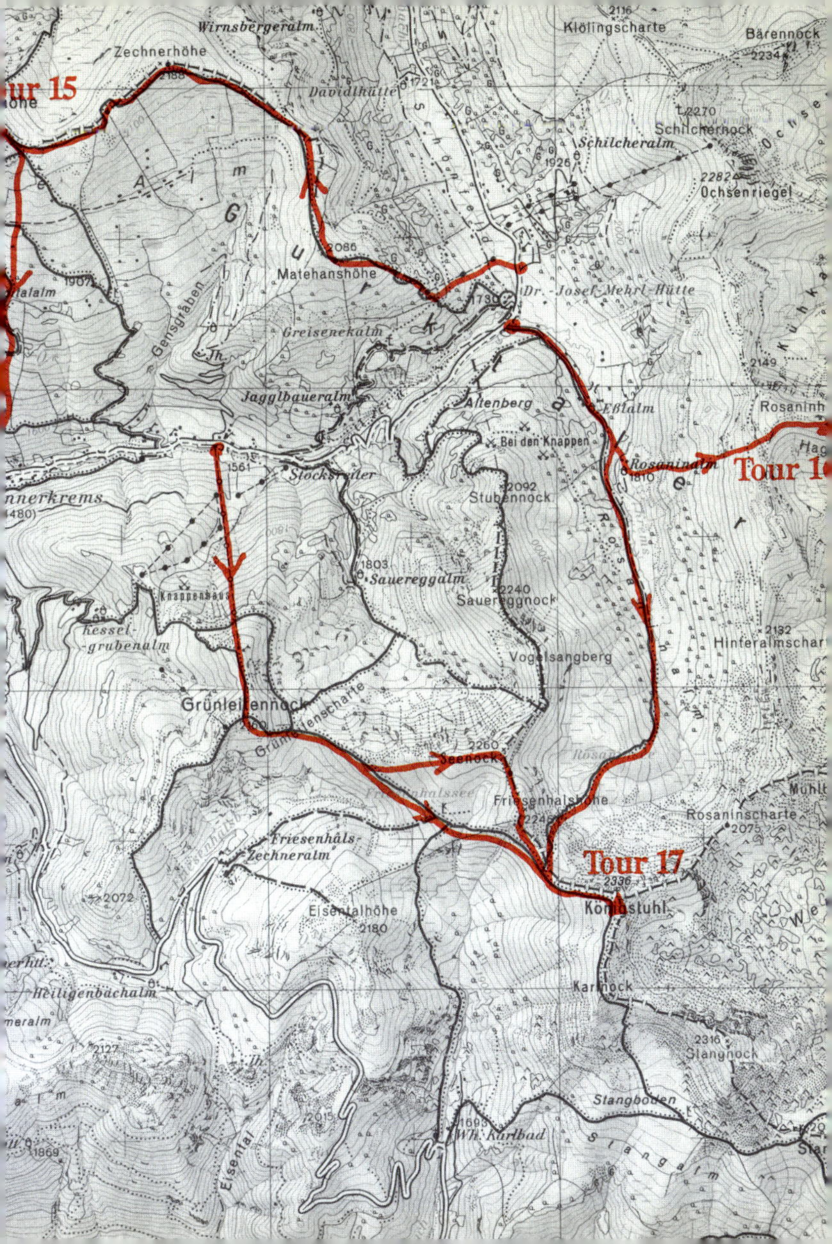

Tour 15
Tour 17
Wirnsbergeralm
Zechnerhöhe
Davidlhütte
Klölingscharte
Bärennock
Schilcheralm
Schilchernock
Ochsenriegel
Matehanshöhe
Dr.-Josef-Mehrl-Hütte
Greisenekalm
Gensgraben
Jagglbaueralm
Altenberg
Eßlalm
Bei den Knappen
Rosaninalm
Stockstoßer
Stubennock
Knappenbau
Saureggalm
Saureggnock
Vogelsangberg
Hinteralmscharte
Grünleitennock
Seenock
Friesenhalshöhe
Friesenhals-Zechneralm
Rosaninscharte
Königstuhl
Eisentalhöhe
Heiligenbachalm
Karlnock
Slangnock
Stangboden
Wh. Karlbad
Eisental

Abfahrt: wie Aufstieg
Stützpunkte: Dr.-Josef-Mehrl-Hütte, 1730 m (ganzj. geöffnet)
beste Zeit: Dezember bis April
Schwierigkeit: leicht
Karte: ÖK 1:50.000, Blatt 183

Das Rosanintal bietet mit seinen Nocken noch einige interessante Schirouten, wie zum Beispiel die Hinteralmscharte, den Mühlbacher Nock oder auch den versteckten Frauennock. Alle diese Touren führen über eher sanftes Gelände, das aber dennoch nicht unterschätzt werden darf. Bei Neuschnee kann an den Westhängen örtliche Lawinengefahr bestehen. Sehr einladend sind die nicht allzu überlaufenen Pisten von Schönfeld, die – wenn die Schisaison zu Ende gegangen ist und alle Lifte bereits stillstehen – lohnende Aufstiege und Abfahrten anbieten. Klölingnock, Bärennock, Schilchernock und der Ochsenriegel wären einige dieser Gipfelziele.
Auch ist der Übergang zur Karneralm sehr zu empfehlen und oft noch bis in den April hinein möglich.

Tour 17: Königstuhl, 2336 m

Talort: Innerkrems, 1480 m
Aufstieg: Von der Dr.-Josef-Mehrl-Hütte, 1730 m (Schönfeld), ins Rosanintal über die Esslalm und Rosaninalm bis in den Talschluß (Langlaufloipe). In südwestlicher Richtung zum Königstuhlschartel. Über den NW-Grat zum Gipfel. (600 Hm/2 Stunden)
Abfahrt: wie Aufstieg
Stützpunkte: Dr.-Josef-Mehrl-Hütte, 1730 m (ganzj. bew.)
beste Zeit: Dezember bis April
Schwierigkeit: leicht
Karte: ÖK 1:50.000, Blatt 183

Wer die Tour zu seiner Majestät, dem Königstuhl, unternimmt, wird mit einem sagenhaften Ausblick belohnt. Von der Hochalmspitze erstreckt sich der Rundblick über die gesamten Niederen Tauern hinweg bis zu den Murauer Bergen. Rings um den Königstuhl scharen sich die Nocke, die alle mit der Höhe ihres Beherrschers wetteifern. Zu unseren Füßen liegt auch das unvergleichlich schöne Rosanintal, das wir dann bei der Abfahrt nochmals genießen können.
Sehr lohnend ist auch die Besteigung des Königstuhls über den Grünleitennock, 2160 m, der von Innerkrems mit einem Sessellift erreicht werden kann. Man überschreitet dabei den Seenock und die Friesenhalshöhe und gelangt so über den Nordwestgrat zum Gipfel des Königstuhls, wobei man auch als zweite Möglichkeit über den Friesenhalssee aufsteigen kann. Beide Varianten sind bei guter Sicht landschaftlich lohnende Aufstiege.

Tour 18: Dörerköpfel, 2056 m

Talort:	Innerkrems, 1480 m
Aufstieg:	Ca. 500 m vor der Ortschaft Innerkrems zweigt links eine Forststraße (Wildbachverbauung, Häuser, Lift, Pfeil „Schulterhöhe“) ab. Dieser folgt man in Kehren bis zur Schulteralm, 1867 m. Nach Osten zum Gipfel. (600 Hm/2 Stunden)
Abfahrt:	wie Aufstieg
Stützpunkte:	keine
beste Zeit:	Dezember bis April
Schwierigkeit:	leicht
Karte:	ÖK 1:50.000, Blatt 183

Eine leichte Schiwanderung führt uns auf das Dörerköpfel. Wem diese Tour aber zu wenig erscheint, der kann an das Dörerköpfel noch die Überschreitung zum Bärenaunock und zur Hohen Pressing, 2370 m, dem höchsten Berg dieses Gebietes, anschließen. Die Abfahrten sind nicht allzu schwer, denn sie führen größtenteils über sanftes Nockgelände. Durch den wunderbaren Ausblick zum Königstuhl und in den Rosennockbergstock ist diese Tour vor allem von touristischem und landschaftlichem Wert.

Tour 19: Peitlernock, 2244 m

Talort:	Innerkrems, 1480 m
Aufstieg:	Von Innerkrems über die Nockalmstraße bis zum Nockalmhof. Hierher kann man auch mittels Abfahrt vom Grünleitennock gelangen. Kurz nach dem Nockalmhof, bei einem Transformator, zweigt nach rechts eine Forststraße ab. Auf dieser gelangt man zur Bärengrubenalm, 1800 m. Nun hält man sich in südlicher, dann in südwestlicher Richtung und erreicht so über den Nordostrücken den Gipfel. (750 Hm/3–3½ Stunden)
Abfahrt:	wie Aufstieg
Stützpunkte:	keine
beste Zeit:	Dezember bis April
Schwierigkeit:	leicht
Karte:	ÖK 1:50.000, Blatt 183

Mit der Besteigung des Peitlernocks kann man auch gleich die Überschreitung zum Bärenaunock und zur Hohen Pressing ideal verbinden. Da es sich hier um Nordabfahrten handelt, ist diese Tour bis weit ins Frühjahr hinein noch zu befahren, wobei die Abfahrt über die Bärengrubenalm von weiten und freien Almhängen geprägt ist. Über die verschneite Nockalmstraße geht es dann im Schuß nach Innerkrems zurück.

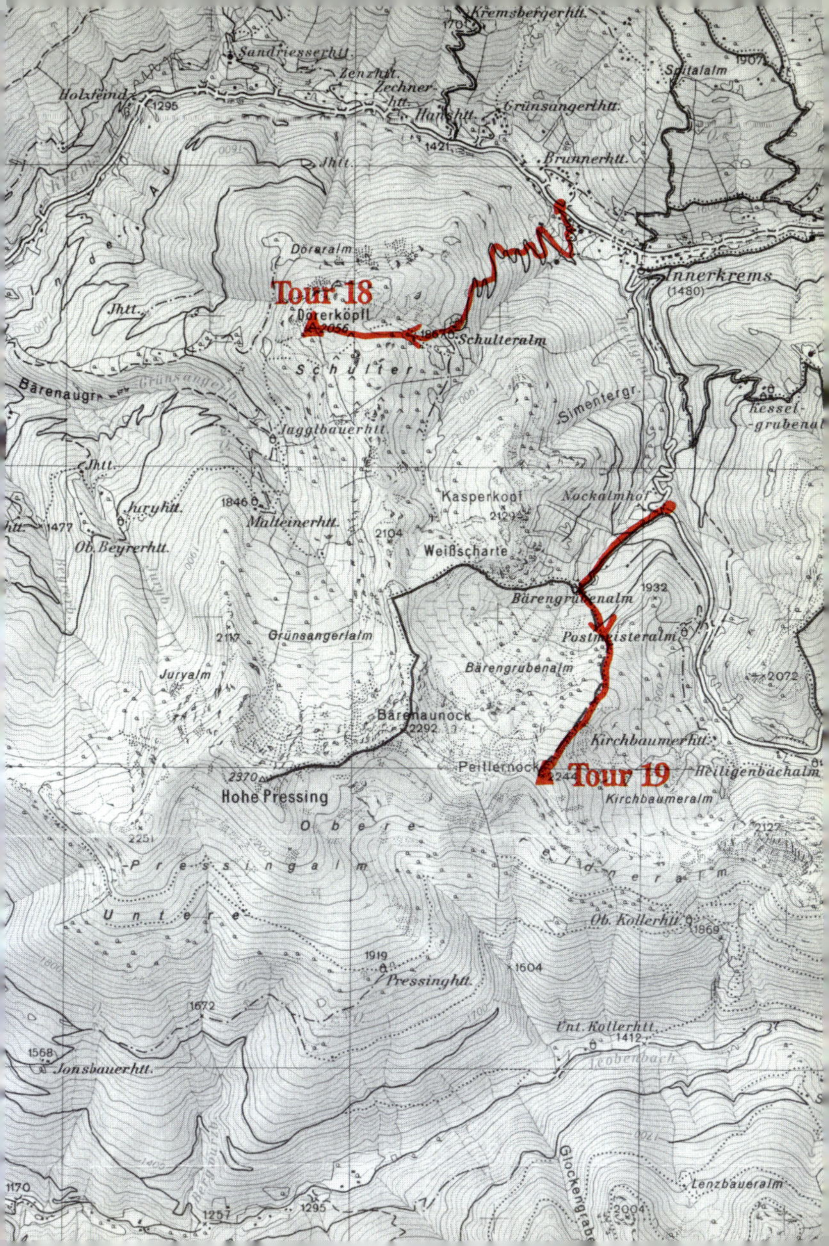

Tour 18
Tour 19
Dörerkopfl
2056
Döreralm
Schulteralm
Schulter
Innerkrems
(1480)
Kremsbergerhtt.
Sandriesserhtt.
Holzfeind
1295
Zenzhtt.
Zechnerhtt.
Hanshtt.
Grünsangerhtt.
Brunnerhtt.
1421
Spitalalm
1907
Bärenaugr.
Grünsangerb.
Jagglbauerhtt.
Simentergr.
Kesselgrubenalm
Kasperkopf
2129
Nockalmhof
Malteinerhtt.
1846
Juryhtt.
Ob. Beyrerhtt.
1477
2104
Weißscharte
Bärengrubenalm
1932
Postmeisteralm
Grünsangerlalm
2117
Juryalm
Bärengrubenalm
2072
Bärenaunock
2292
Kirchbaumerhtt.
Peitlernock
Heiligenbachalm
2370
Hohe Pressing
Kirchbaumeralm
2127
Obere
Pressingalm
Untere
2251
Ob. Kollerhtt.
1869
1919
Pressinghtt.
1604
1672
Unt. Kollerhtt.
1412
Leobenbach
1568
Jonsbauerhtt.
1170
1257
1295
Lenzbaueralm
2004

Tour 20: Rosennock, 2440 m

Talort:	Radenthein, 746 m
Aufstieg:	a) Von St. Oswald mit den Liften auf die Brunnachhöhe, 1902 m. Nun geht man Richtung Mallnock und zweigt nach ca. 500 m nach links ab Richtung Norden, um zur Erlacher-Hütte, 1636 m, abzufahren. Von der Hütte benützt man eine Forststraße zur Feldhütte, 1758 m. Richtung Westen geht es zuerst über freie Hänge, dann entlang des Ostgrates zum Gipfel. (800 Hm/3–3½ Stunden) b) Mit dem Auto nach Kaning, 1023 m, und soweit wie möglich in das Langalmtal hinein. Entlang einer Forststraße Richtung Norden zur Erlacher-Hütte, dann wie a). (1300 Hm/4 Stunden)
Abfahrt:	wie Aufstiege
Stützpunkte:	keine, Petodnighaus, Erlacherhaus und Feldhütte geschlossen
beste Zeit:	Jänner bis April
Schwierigkeit:	mittel, Vorsicht bei Anstieg b), Lawinenstrich im Aufstieg im Langalmtal zu queren
Karte:	ÖK 1:50.000, Blatt 183

Zwei Aufstiege kann man für die Besteigung des Rosennocks als Schitour ins Auge fassen. Jeder hat seinen besonderen Reiz, wobei natürlich der bequemste von St. Oswald über die Brunnachhöhe führt. Da in diesem Gebiet sehr viel der Wind bläst, empfiehlt es sich, gleich nach Neuschneefall diese Tour zu gehen, um noch staubenden Pulverschnee vorzufinden. Wie wir ja wissen, zerstört der Wind oft jegliche Pulverschneefreude.

Wenn man dann am Gipfel des Rosennocks steht, kann man hier vom Beherrscher der Nockberge einen sehr weitreichenden Blick genießen, der alle ringsherum liegenden Nockberge dem Rosennock untertan macht.

Tour 20
Rosennock
Kleiner Rosennock
Wendenalm
Kalter-Keller
Erlacher-Bock-Scharte
Oswalder Bock Sattel
Erlacher Bock
Oswalder Bock
Arkerkopf
Malnock
Bockhtt.
Weißensteinhtt.
Langganghtt.
Erlacher Htt.
Kuhbodenhtt.
Kreuzwirthtt.
Neuwirthtt.
Wh. Langalm
Petodnighaus
Brunnachalm
Langalmhütten
Veidlhtt.
Unterscheiderhtt.
Gridleck
Gridlhtt.
Spitzeck
Schartenalm
Scharte
Hofer
Öd
Michlhtt.
St. Oswald
Ghf. Schneeweiß
Wiesernock
Staudach
Bucher
Oberscheiderhtt.
Moser
Maritschnig
Stieglerhtt.
Meltererhtt.
Johanngraben
Nockalmhtt.
Kaning
(1023)
Priedröf
Obertschern
Schrott
Weger
König
Wieserhtt.
Obermann

Tour 21: Stileck, 2179 m

Talort:	Eisentratten im Liesertal, 807 m
Aufstieg:	Mit dem Auto in die Nöring, dann scharf nach links hinauf nach Vordernöring bis zu den letzten Gehöften bei ca. 1200 m. Nun folgt man steil einem Karrenweg (rot markiert) durch Wald Richtung Hermannshütte, bis man auf eine Forststraße trifft. Geradeaus der Markierung folgend Richtung Osten auf einem Güterweg zur Hermannshütte, 1600 m. Kurz nach der Hütte folgt man einem Fußweg Richtung SO zu Punkt 1727 m. Nun hält man sich immer am NW-Kamm des Stilecks, zuerst durch lichten Wald, dann frei am Kamm und erreicht so den Gipfel. (1000 Hm/3–3½ Stunden)
Abfahrt:	wie Aufstieg
Stützpunkte:	keine
beste Zeit:	Dezember bis März
Schwierigkeit:	leicht bis mittel
Karte:	ÖK 1:50.000, Blatt 182, 183

Wenn gerade unsichere Schnee- oder Wetterverhältnisse herrschen, dann bietet das Stileck ein ideales Ausweichziel mit immerhin 1000 Höhenmetern. Am Aufstieg über den Stileck-Nordwestkamm sind die Kärntner Nocke unsere ständigen Begleiter, die mit ihren sanften Hügeln und Kuppen eine idyllische Winterlandschaft darstellen. Ganz unweigerlich bleibt unser Auge aber am Beherrscher dieses Gebietes, dem Rosennock hängen. Eine erhabene Berggestalt, die sich hier inmitten der Nockberge erhebt.
Die Abfahrt erlaubt ein gemütliches Schwingen über den Stileckkamm und die anschließende Forststraße verleitet dann noch zu einer rassigen Schußfahrt.

Greimann
Gemeindewald
Vördernöring
1644
Werschitz
1368
Laggeralm
Laggerhütten
Peterwirthtt.
1530
1762
Hermannhtt.
Gomper
1727
Ramsauer Jh.
Zwininger
Glanzeralm
1100
Innernöring
1521
2031
Lamprecht
Hansbauerhtt.
1688
Jhtt.
1160
Waltebauer
Hansbauer
Wenzlhtt.
1685
Jhtt.
Ochsenhalter
1663
1959
Pulverer
Bergerhütten
Gapperhtt.
1180
Brunnerhtt.
Tour 21
1991
2179
Stubeck
Langnock
2109
1243
Meßnerhtt.
1718
Hansbauerhtt.
2148
Brandgraben
Lamprechtalm
Walderalm
1552
Jh.
Bacherhtt.
Riegelalm
1688
2059
Rabenkofel
Litzlhofalm
Wh. Thomannbauerhtt.
1697
Walcherhtt.
Nöringsattel
1666
Langanderlehtt.
Brandlochhtt. (verf.)
Kamplnock
2101
Törl
1876
1518
Magnesitbergbau
1874
Kälbergrünalm
Magnesitbruch
Weinzierlhtt.
Grünes Törl
Obermillstätterhtt.
1682

Tour 22: Mallnock, 2226 m
Klomnock, 2331 m

Talort: St. Oswald, 1319 m

Aufstieg: Von St. Oswald benützt man vorteilhalber die Lifte über die Brunnachalm hianuf auf die Brunnachhöhe, 1902 m. Nun hält man sich immer entlang des Kammes in nordöstlicher Richtung und gelangt so auf den Mallnock. (300 Hm/1–1½ Stunden)
Über den NO-Verbindungsgrat kann man noch zum Klomnock aufsteigen. (100 Hm/½–1 Stunde)

Abfahrt:
a) Vom Mallnock über die SO-Hänge ins Schönfeld und weiter hinunter zum Falkertschutzhaus. Über die Straße nach St. Oswald zurück.
b) Vom Klomnock über den breiten Südhang zur Hoferalm, die dann zum Falkertschutzhaus weiterleitet. Nach St. Oswald wie a).

Stützpunkte: Falkertschutzhaus, 1557 m (ganzj. bew.)

beste Zeit: Jänner bis März

Schwierigkeit: leicht, aber lange Abfahrten im mittelsteilen Gelände. Vorsicht bei Nebel! Vorsicht bei Neuschnee!

Karte: ÖK 1:50.000, Blatt 183

Die Schiroute über die Brunnachhöhe ist eine der schönsten Schiübergänge in diesem Gebiet. Ein richtiger Schipanoramaweg, der uns den Rosennockbergstock immer vor Augen hält.
Aber nicht nur ein landschaftlicher Hochgenuß, sondern viel mehr noch ein schifahrerisches Schwelgen über weite Hänge wird diese Nockrunde, wenn man vom Klom- oder Mallnock abfährt. 400 Höhenmeter im Aufstieg und eine Abfahrt von satten 1000 Höhenmetern, vielleicht noch im staubenden Pulver oder schmierigen Firn, läßt ein Schifahrerherz schon höher schlagen. Im Falkertschutzhaus stärken wir uns dann mit einer zünftigen Kärntner Speckjause.

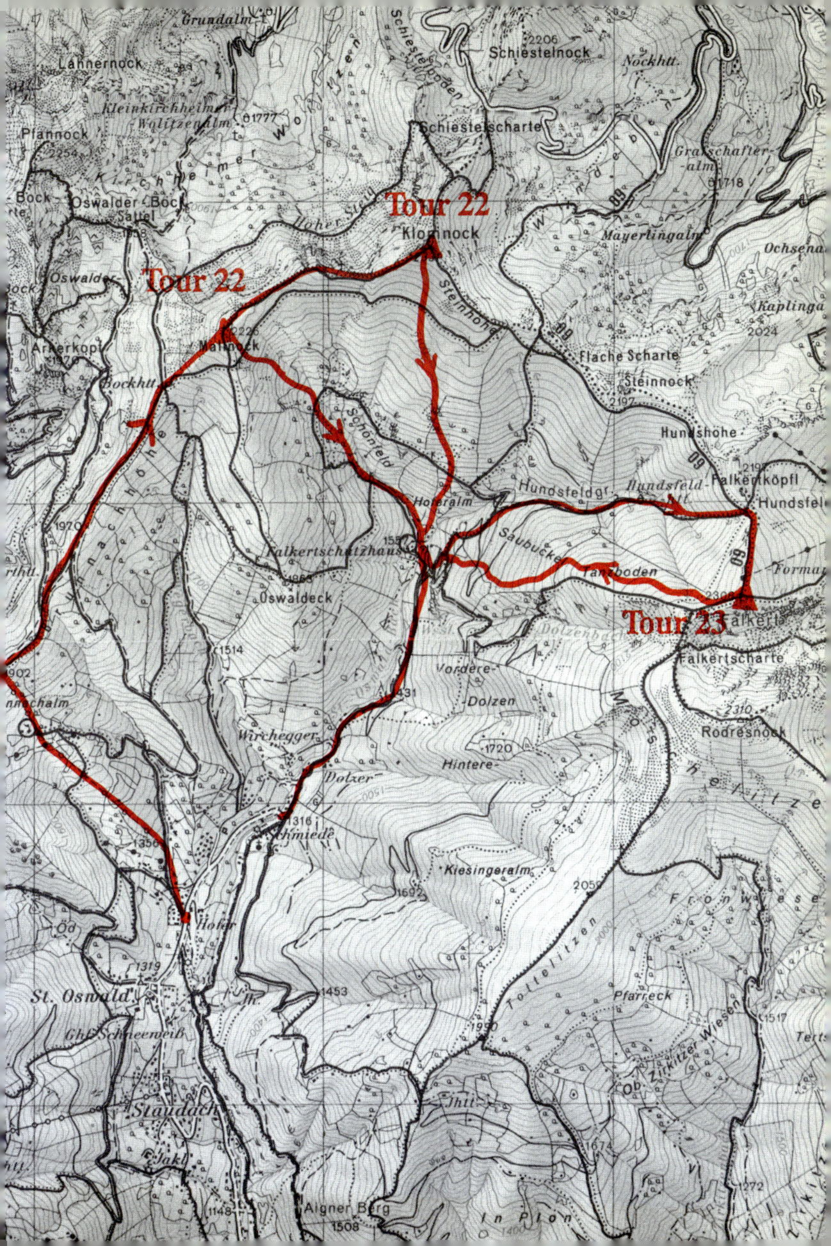
Tour 22
Tour 22
Tour 23
Kleinnock
Mallnock
Schiestelnock
Schiestelscharte
Lahnernock
Pfannock
Oswalder Bock
Sattel
Falkertschutzhaus
Hoferalm
Schönfeld
Steinnock
Flache Scharte
Hundshöhe
Falkertköpfl
Falkertscharte
Rodresnock
Oswaldeck
Vordere Dolzen
Hintere Dolzen
Kiesingeralm
Pfarreck
St. Oswald
Staudach
Aigner Berg
Mayerlingalm
Schmiede

Tour 23: Falkert, 2308 m

Talort:	St. Oswald, 1319 m
Aufstieg:	Von St. Oswald am Ende der Ortsstraße bei einer Brücke, 1316 m, entlang einer Forststraße zum Falkertschutzhaus 1557 m. Nun benützt man noch die nächsten zwei Kehren der weiterführenden Forststraße und kürzt diese dann durch den Hundsfeldgraben ab und gelangt so zur Hundsfeldhütte, 1900 m. Über freie Hänge steigt man dann zur Hundsfeldscharte, 2130 m, auf. Über den Nordgrat zum Gipfel. (1000 Hm/3 Stunden)
Abfahrt:	a) wie Aufstieg b) vom Gipfel über die freien Hänge des Tanzbodens zum Falkertschutzhaus, und dann wie Aufstieg
Stützpunkte:	Falkertschutzhaus, 1557 m (ganzj. bew.)
beste Zeit:	Jänner bis März
Schwierigkeit:	mittel
Karte:	ÖK 1:50.000, Blatt 183

Bad Kleinkirchheim und St. Oswald sind schon lang bekannte Schiorte im südlichen Nockalmgebiet. Aber nicht nur die Pistenfreuden sind es, die einen nach St. Oswald locken, sondern auch einige interessante Schirouten, unter anderem auch jene auf den Falkert.
Der Falkert ist zudem noch ein ganz fantastischer Aussichtsberg.
Es ist auch möglich, vom Falkert nach Osten zum Falkertsee abzufahren. Eine lohnende Draufgabe, wo doch der Aufstieg durch Liftbenützung erleichtert werden kann.

Tour 24: Großer Speikkofel, 2270 m

Talort:	St. Lorenzen, 1477 m / Ebene Reichenau, 1062 m

Tour 24
Kirchberg
Lattersteighöhe
2264
2145
Gesgeralm
1813
Kaserhöhe
2318
2319
Hoazhöhe
2320
Bretthöhe
Gurksee
Torersee
Zgartensee
2208
Schoberriegel
Weitentalsattel
2232
Gruft
Niederkaser
Zgartenalm
Torer
2205
1929
1734
1916
Hochkaser
2270
Großer Speikkofel
Schuriankreuz
Schönebennock
2002
Obere Vastlhütte
1558
Hochsinner
1616
Kleiner Speikkofel
2109
Lorenzenhütte
1755
Neuwirtalm
1713
Kirchlhütte
1849
1804
Hochkaser
Hoazhütte
Blasehütte
Graßhütte
Weiß
Hoishütte
1473
Jörglhütte
Hoanhütte
Anderltal
1296
St. Anna
1477
St. Lorenzen
Zirbenhaus
1412
1405
Lorenzenberg
1062
Schuß
1536
Kasperhütte
1416

Aufstieg:	Von der Kirche in St. Lorenzen steigt man über einen bezeichneten Karrenweg rechts eines Rückens zuerst im Wald, dann über freie Flächen zu den Almen rund um die Kirchlhütte, 1849 m, in Richtung Norden auf (Kreuz). Weiter nach Norden über den Kleinen Speikkofel, 2109 m, zum Großen Speikkofel. (800 Hm/2–3 Stunden)
Abfahrt:	wie Aufstieg
Stützpunkte:	keine
beste Zeit:	Jänner bis März
Schwierigkeit:	leicht bis mittel
Karte:	ÖK 1:50.000, Blatt 184

Der Große Speikkofel ist ein Schiberg mit sonnigem Anstieg und natürlich auch sonniger Abfahrt. Vor allem im Frühjahr empfiehlt es sich deswegen, schon zeitig aufzubrechen, um noch gute Firnverhältnisse vorzufinden.
Weite Flächen und freie Hänge sind Kennzeichen dieser Route, wobei man im Zuge der Abfahrt noch verschiedene Varianten über die West- und Osthänge des Speikkofels einlegen kann. Durch Wald kann man auch noch zur Hoanhütte abfahren, um dann nach St. Lorenzen freie Wiesen für ein abschließendes weites Schwingen zu nützen.
Eine gemütliche Schitour in Turrachernähe.

Tour 25: Rinsennock, 2334 m

Talort:	Turracherhöhe, 1783 m
Aufstieg:	Auffahrt von der Turracherhöhe mit dem Kornocklift und über den NO-Grat zum Rinsennock. (150 Hm/ ½ Stunde)

◄ ***Aufstieg zum Rinsennock.***

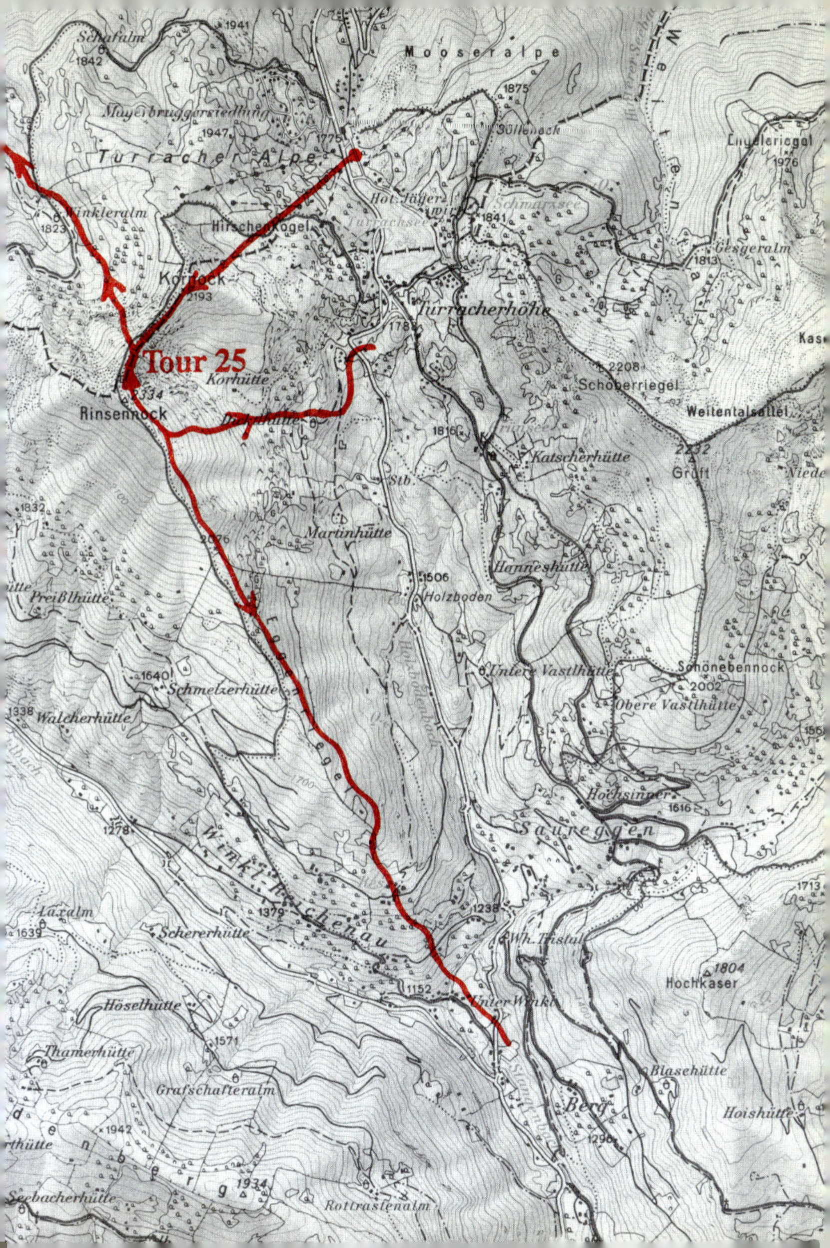

Tour 25
Schafalm
1842
1941
Mooseralpe
1875
Mayerbruggersiedlung
1947
1775
Turracher Alpe
Winkleralm
1823
Hirschenkogel
Hot. Jägerwirt
1841
Schwarzsee
Turrachsee
Turracherhöhe
1813
Gesgeralm
1976
Korhütte
2334
Rinsennock
2208
Schoberriegel
Weitentalsattel
1816
Katscherhütte
Stb.
Martinhütte
1832
2076
1506
Holzboden
Hanneshütte
Preißlhütte
Unter Vastlhütte
Schönebennock
2002
Obere Vastlhütte
1640
Schmelzerhütte
1338
Walcherhütte
Hochsinner
1616
Saureggen
1278
Winkl-Reichenau
1379
1238
1713
Laxalm
1639
Schererhütte
Wh. Tristal
1804
Hochkaser
1152
Unter Winkl
Höselhütte
1571
Thamerhütte
Blasehütte
Grafschafteralm
Berg
Hoishütte
1942
1296
1934
Rottrastenalm
Seebacherhütte

Abfahrt: a) Vom Gipfel über den ausgeprägten SO-Rücken hinunter zum Eggenriegel. Nun durch Wald und anschließend über Wiesen in den Winkel Reichenau auf die Bundesstraße. Mit Taxi oder Bus zurück auf die Turracher Höhe.

b) Über die Nordflanke: Abfahrt westlich des Gipfels zur Winkleralm, 1823 m. Im Graben weiter hinunter zur Stanzerhütte und weiter zur Wildbachhütte, 1370 m.

c) Über die Ostflanke: Steilabfahrt, etwa 300 m südlich vom Rinsennockgipfel zur Dicktlhütte. Auf einem Fahrweg zur Bundesstraße.

Stützpunkte: keine

beste Zeit: Jänner bis März

Schwierigkeit: leicht, Abfahrt lang, Abfahrt b), c) Vorsicht bei Neuschnee! Nur im Frühjahr

Karte: ÖK 1:50.000, Blatt 184

Fast kein Aufstieg, aber dafür Abfahrten über 1000 Höhenmeter. Ein reines Schivergnügen abseits des Pistentrubels über weite Hänge und durch einen Naturslalom, den einem der Eggenriegel auferlegt.
Wer damit aber noch nicht genug hat, der kann sich dann noch richtig auf den Pisten der Turracherhöhe austoben. Obwohl diese Tour nahe einem Pistengelände liegt, befindet man sich dennoch im alpinen Gelände und demnach ist auch die übliche Umsicht angebracht, vor allem bei den Abfahrten b) und c).

Tour 26: Eisenhut, 2441 m

Talort: Turrach, 1269 m

Aufstieg: Von der Talstation des Turrach-Schleppliftes auf einer bezeichneten Forststraße dem Geißeckbach hinauf bis zu einer Heuhütte. Hier wendet man sich nach links und

Tour 26
Turrach
(1269)
Jagerlenz
Schoder
1822
Karnerboden
Allachhütte
1729
Dischenriegel
1937
Pernerhütte
1638
Weißwände
1915
1996
Leckenschober
Hochschramm
1823
1540
1232
Eisenhut
1818
1852
2233
Schattluckenhütte
1607
1390
Geißeckhütte
1664
1452
Geißeckbach
Rauterriegel
2078
2394
Wintertale
2404
Rapitzsattel
2088
Lattersteig
Spieiriegel
2176
Hanserhütte
1680
Engeleriegel
1976
Gillendorferalm
Kirchberg
1875
Sölleneck
Gesgeralm
1813
Lattersteighöhe
2264
Kaserhöhe
2318
2319
Hoazhöhe
2320
Brettlhöhe
2208
Schoberriegel
Weitentalsattel
2232
Gruft
Katscherhütte
Niederkaser
Zgartenalm
Torer
2205

gelangt auf einem markierten Ziehweg durch Wald zur Geißeckhütte, 1664 m. Von der Hütte nach Norden durch einen schmalen Waldgürtel und danach auf einen freien Rücken, P. 2233 m. Über diesen zum Gipfel. (1200 Hm/3–3½ Stunden)

Abfahrt: Nach Südwesten durch Mulden und über Hänge direkt zur Geißeckhütte. Über einen kurzen Hang zur Straße am Geißeckbach und über diese zurück zur Talstation.

Stützpunkte: keine, Geißeckhütte geschlossen

beste Zeit: Jänner bis April

Schwierigkeit: mittel

Karte: ÖK 1:50.000, Blatt 184

Obwohl der Eisenhut schon in der Steiermark liegt, soll er dennoch hier Erwähnung finden, da er auch vielfach von Kärnten aus bestiegen wird. Der Eisenhut mit seinem kuppenförmigen Gipfel erscheint von weitem wie ein Bergexot, der sich über saftig grünem Zirbenwald majestätisch ausbreitet.
Der Eisenhut ist eine wunderbare Frühjahrsschitour. Nicht weit von der Turracherhöhe entfernt, bietet diese Route eine feine Abfahrt über weite Westhänge und lichten Wald.

Tour 27: Wintertalernock, 2394 m

Talort: Flattnitz, 1400 m

Aufstieg: Mit der Sesselbahn fährt man auf den Hirnkopf, 1840 m. Abfahrt nach Westen zu den Guttenbrunnerhütten, 1620 m, und über eine Forststraße in den Talboden am Rapitzbach. Beim Wegweiser steigt man dann über eine Forststraße zur Steringeralm auf 1700 m. Durch Wald zum Ostrücken und über diesen zum Gipfel. (900 Hm/ 3–3½ Stunden)

Tour 27
Grauensteineck
Allachhütte
1729
Weißwände
1915
1996
Leckenschober
1818
Dieslingsee
Michlebenalm
1852
Allachbach
1600
1448
Jh. Scharbach
1399
Gulialm
(Jh.)
Wurmste
1365
Schafferalm
Schafferkogel
Müllnerhütte
Schönwettertratte
1729
Saghütte
Glanackenbach
Bockbühel
1678
1418
Glanackenalm
Wieserhütte
Kalkbrand
1586
1980
Blumbühel
Bruggerhütte
1601
Deckerhtt
Fürstenhtt
1456
2394
Steringeralm
Moserhütte
Seppelealm
Rapitzb.
2404
2088
Rapitzhütte
Joglhütte
1536
Guttenbrunnerhütten
Hirnkop
1840
Hirnloc
Gschweiftsee
Spielriegel
2176
1759
Schwarzsee
Zelinsee
Haidne
2254
rsteighöhe
K a l t e b e n
2145
2140
Lattersteig
Fischerhütte
Gurksee
Jurihütte
1800
1812
Torersee
1805
Torer
2205
Erkingerhütte
Weißes Kreuz
Schafferalm
1734

Abfahrt: Wie Aufstieg in den Talboden am Rapitzbach oder bei guten Schneeverhältnissen über die SO-Flanke zur Rapitzhütte und an der Joglhütte vorbei zurück zum Wegweiser. Nun Gegenanstieg zu den Guttenbrunnerhütten und über die Lifte zurück nach Flattnitz.

Stützpunkte: Hütten im Liftgebiet

beste Zeit: Jänner bis März

Schwierigkeit: mittel

Karte: ÖK 1:50.000, Blatt 184

Der Name dieses Berges weist schon auf die richtige Jahreszeit einer Besteigung hin. So ist der Wintertalernock vor allem von Osten und Süden ein lohnender Schiberg. Zwar ist mit seiner Besteigung ein doch längerer Zugang verbunden, der aber durch die Liftbenützung wesentlich erleichtert wird. Dafür erlebt man dann einen schönen Aufstieg durch eine Karlandschaft mit anschließenden freien Hängen. So unwirtlich auch die Wintertaler-Nordflanke sich zeigt, soviel Genuß vermittelt die Befahrung seiner Südostflanke.
Wer Lust und Laune hat, kann auch die Kalteben-Überschreitung durchführen. Vom Wintertalernock steigt man zuerst nach Südwesten, dann nach Süden in die Rapitzscharte, 2088 m, ab (Wegweiser), überschreitet die 2264 m hohe Lattersteighöhe und wendet sich anschließend nach Osten zur Kaltebenhöhe. Unter der Haidnerhöhe gelangt man in einer Nordschleife zum Hirnkopf zurück (Überschreitung auch in umgekehrter Richtung möglich).

Tour 28: Bartelmann, 2428 m

Talort: Gmünd, 741 m

Aufstieg: Mit dem Auto bis zum Gehöft Aichholzer, westlich oberhalb von Gmünd. Vom Aichholzer, 1096 m, folgt man einem markierten Weg über den Sonnbühel, bis

	man auf eine Forststraße auf 1300 m trifft. Auf dieser nun aufwärts, vorbei an einem Kreuz und bei Höhe 1480 m geradeaus in westlicher Richtung oder in Kehren bis an die Waldgrenze. Durch lichten Wald über die Dornbacher Wiesen auf den ausgeprägten Südostkamm. Nun steigt man über den Südostkamm bis zum Gipfel auf. (1300 Hm/3–4 Stunden)
Abfahrt:	Wie Aufstieg oder bei Höhe 2100 m nach Osten über die Dornbacher Wiesen. Kurz nach Erreichen des Waldes trifft man dann auf eine Forststraße. Auf dieser oder diese durch Wald abkürzend auf die Reiterwiese (Gehöft Reiter). Über die Forststraße nach Dornbach zurück.
Stützpunkte:	keine
beste Zeit:	Jänner bis März
Schwierigkeit:	mittel, aber lang
Karte:	ÖK 1:50.000, Blatt 182

Die historische Stadt Gmünd, an der Kreuzung des Malta- und Lieserflusses gelegen, ist der Ausgangspunkt für die noch wenig bekannte Schiroute auf den Bartelmann.
Eine Tour, die nicht gerade kurz ist, die uns aber in die Bergwelt der Reißeckgruppe führt. Der Südostkamm ist schon ein langer »Hatscher«, doch Ausblicke in die winterliche Reißeckwelt und natürlich die noch bevorstehende Abfahrt lassen so manche Aufstiegsmühe bald vergessen. Die genußvollste Abfahrtsroute führt über die Dornbacher Wiesen: 700 Höhenmeter freie Hänge.
Am Nachmittag lohnt sich dann ein Besuch in Gmünd, um bei Kärntner Mehlspeisen sich der Tour auf den Bartelmann noch einmal zu erinnern.

Kleiner Stipennock
1803
Rote Wand
1735
Obere Tröska
1897
Karlnock
Plotschboden
1232
Stipennock
2210
Unt. Tandlhtt.
1454
2415
Ob. Tandlhtt.
1767
1211
Tandlauge
2332
Tour 29
Tandlspitze
Tandlalm
Bärennock
2208
2544
Hohenkareck
Bärenboden
Firstriegel
2007
1694
Hohenkar
Roter Nock
Gspitzte Wand
2498
1940
Zinkenspitzen
2430
Tour 28
2428
Bartelmann
Schmandhtt.
2214
Brugnitschhtt.
Rubenthaleralm
1285
Wegeralm
1817
1180
Donnerschlagsp.
2386
2028
Bockstein
2002
Bärenbad
1082
Vordere Leier
2639
Bockriegel
Königsangersp.
1936
Zlattingalm
1730
Serzenmoos
1484
1845
Roßkopf
2573

Maltaberger Alm
1608
Ecken
1848
Ballonwald
1372
1390
Feistritz
Stubeck
Maltaberg
829
Frido-
Probsttratte
Gigler
1156
Schlatzing
840
843
Malta
1233
Egger
797
Hilpersdorf
Gries
Plieschhtt.
1504
Kotuschgr.
Fercherhof
1021
795
1000
831
Schloßberg
Schl. Dornbach
Pirkehtt.
837
Reiter
Dornbach
768
880
Brochendorf
Saps
Monggehtt.
1541
SW
Karnerau
Treffenbo
938
1122
Kleinhattenberg
764
Talger
Schloßbichl
1320
Sonnbühel
Malta
SG
1096
Aichholzer
1003
Stiedl
909
Straner

Tour 29: Tandlspitze, 2633 m

Talort:	Malta/Schlatzing, 840 m
Aufstieg:	Von Schlatzing (Pfeil Plieschalm) steigt man auf einer Forststraße weit ausholend bis zur dritten Spitzkehre auf. In dieser verläßt man die Forststraße Richtung Nordwesten und überquert den Tandlalmbach. Auf einem Fußweg in westlicher Richtung steigt man über die Untere Tandlhütte, 1454 m, zur Oberen Tandlhütte, 1767 m, auf. In westlicher Richtung geht es über die Tandlalm aufwärts, ab 2300 m immer steiler werdend auf den Grat zwischen Bärennock und Tandlspitze. Über den Grat in nördlicher Richtung zum Gipfel. (1800 Hm/ 5½–6 Stunden)
Abfahrt:	wie Aufstieg
Stützpunkte:	keine
beste Zeit:	März bis April
Schwierigkeit:	schwer, bei Neuschnee Lawinengefahr!
Karte:	ÖK 1:50.000, Blatt 182

Die Tour auf die Tandlspitze ist eine der längsten Kärntner Schitouren und nur bei sicheren Verhältnissen im Frühjahr durchführbar. Auch ist ein sehr zeitiger Aufbruch unbedingt notwendig, denn 1800 Aufstiegshöhenmeter sind ja keine Kleinigkeit.

Bei der Abfahrt geht es zuerst sehr steil vom Grat zwischen den Felskulissen der Tandlspitze und des Bärennocks zur Tandlalm hinunter, wo man auf wellig sanftes Almgelände trifft, das zu den Tandlhütten hinunterleitet. Den Abschluß bildet dann noch eine Waldabfahrt, bis man anschließend wieder auf die Forststraße trifft. Auf dieser läßt man die restlichen der 1800 Höhenmeter mit einer Schußfahrt ausklingen.

Tour 30: Stubeck, 2370 m

Talort:	Gmünd, 741 m / Rennweg 1221 m
Aufstieg:	Von der Frido-Kordon-Hütte, 1649 m, gelangt man entweder zu Fuß, oder bequemer mit dem Gipfeltaxi der Familie Staudacher über den Südostgrat zum Stubeckgipfel. (700 Hm/2 Stunden)
Abfahrt:	Wie Aufstieg oder vom Gipfel über den Ostgrat zur Karscharte. Nun lange Querung über die Kranglalm unter dem Hirneck in nordöstlicher Richtung. Über die Südhänge zur Hoisenbauerhütte und über herrliche Waldhänge nach Rennweg.
Stützpunkte:	Frido-Kordon-Hütte, 1649 m (ganzj. bew.)
beste Zeit:	Jänner bis März (April)
Schwierigkeit:	leicht, Vorsicht bei Nebel!
Karte:	ÖK 1:50.000, Blatt 182 und 183

Ein lustiges Erlebnis ist es, mit dem Gipfeltaxi von der Kordon-Hütte auf das Stubeck zu fahren. Vom Stubeck führt uns unser Blick in eine weite Bergwelt. Auf der einen Seite die Reißeckgruppe, Hochalmspitzgruppe, dann genau vor einem die langen Hänge des Faschauner- und Reiterecks, die so zur Torscharte und somit zum Stern hinüberleiten, und auf der anderen Seite die Nockberge mit ihren sanften Hügeln und Kuppen.
Was uns aber bei der Abfahrt erwartet, ist ein Schigenuß von 10 km Länge über 1100 Höhenmeter, ein Genuß im abwechslungsreichen Schigelände, ein Oberkärntner »Schizuckerl«. Der Endpunkt ist dann Rennweg, eine kleine Gemeinde am Fuße des Katschberges.
Wer aber den Aufstieg mit Fellen dem des Gipfeltaxis vorzieht, dem sei der Anstieg von Rennweg/St. Peter durch das Wolfsbachtal empfohlen. Der Weg führt uns in die Torscharte und über den Nordwestgrat auf das Stubeck. 1000 Höhenmeter Aufstieg über teils freie, weite Hänge sorgen auch bei der Abfahrt für ungetrübte Schifreuden.

Tour 31: Faschaunereck, 2612 m

Talort:	Malta, 843 m, im Maltatal
Aufstieg:	Mit PKW Auffahrt über Maltaberg bis zum Gasthof Steinacher, 1300 m, wenn möglich bis zur Kramerhütte, 1600 m. Von dort entlang des Feistritzbaches in die Faschaun, 1819 m (Almhütten). Nun wendet man sich nach links und ersteigt über die Ostflanke beliebig das Faschaunereck. (1300 Hm/3–4 Stunden)
Abfahrt:	wie Aufstieg
Stützpunkte:	Gasthof Steinacher, 1300 m Leonard-Hütte, 1600 m (je nach Bedarf geöffnet) Kramerhütte, 1600 m
beste Zeit:	März
Schwierigkeit:	mittel, Vorsicht bei starkem Neuschneezuwachs!
Karte:	ÖK 1:50.000, Blatt 156, 182

Beim Aufstieg will der weite Hang der Faschaunerleiten gar kein Ende nehmen. Doch wir wissen, die Abfahrt über diesen 800 Höhenmeter langen Gewalthang hält das, was uns der Aufstieg schon verspricht. Noch dazu sind wir bei 20 cm Pulverschnee unterwegs. Nach einer wunderbaren Aussicht über die Hohen Tauern, wo Hochalmspitze und Hafner zum Greifen nah sind, stürzen wir uns in einen wahren Oberkärntner Schigenuß. Schwung auf Schwung reihen wir in den noch jungfräulichen Tiefschneehang und nur die Kraft ist es, die uns manche Pause abringt. Immer tiefer schweben wir und leider haben wir die Almhütten in der Faschaun viel zu schnell wieder erreicht. Noch lange wandert unser Blick den Spuren bis zum Gipfel nach und dabei sind wir sicher: Wir kommen wieder!

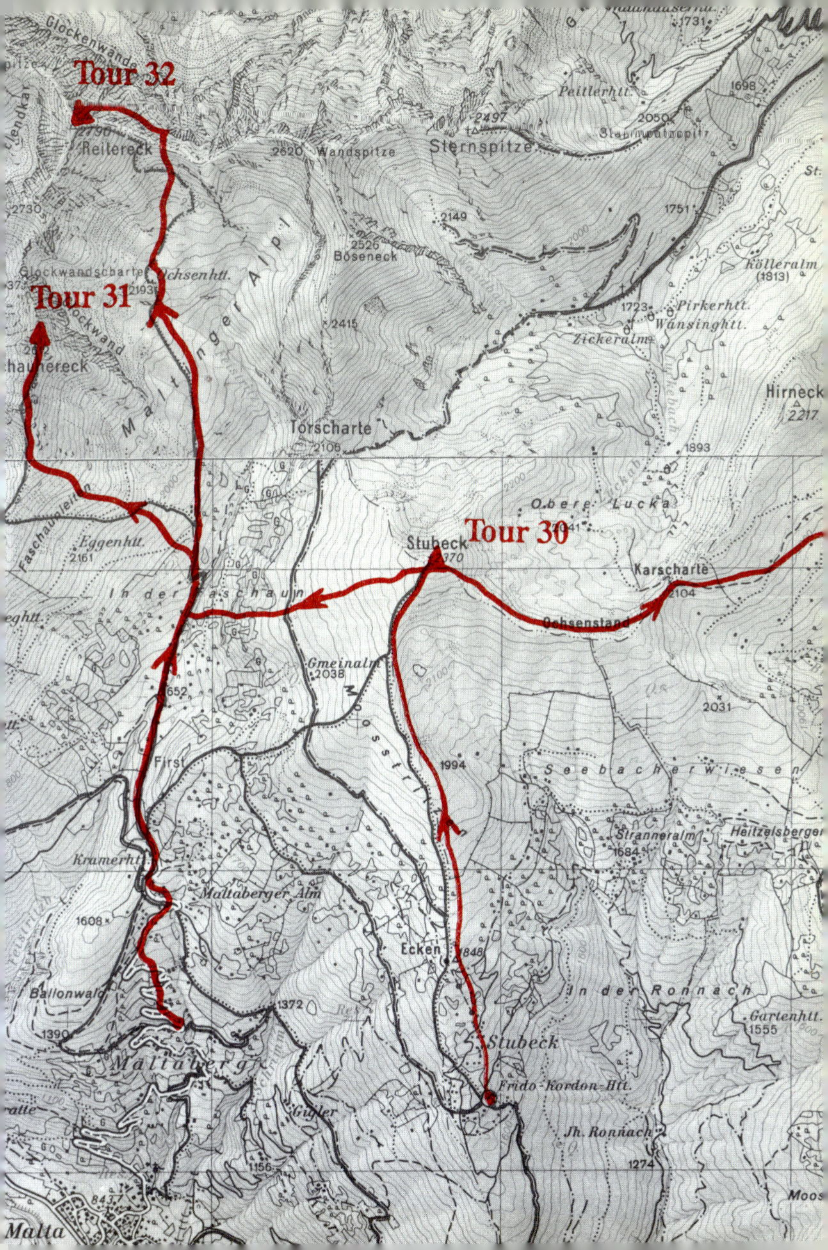
Tour 32
Tour 31
Tour 30
Glockenwände
Reitereck
2790
Wandspitze
2620
Sternspitze
2497
Peitlerhtt.
1698
2050
1731
Böseneck
2526
2149
1751
Kölleralm
(1813)
Glockwandscharte
Ochsenhtt.
2193
Glockwand
2415
1723
Pirkerhtt.
Wänsinghtt.
Zickeralm
Hirneck
2217
Torscharte
2106
1893
Maltinger Alpl
Obere Lucka
Stubeck
Eggenhtt.
2161
Karscharte
2104
Ochsenstand
Gmeinalm
2038
2031
First
652
1994
Seebacherwiesen
Stranneralm
1684
Heitzelsberger
Kramerhtt.
Maltaberger Alm
1608
Ecken
1848
In der Ronnach
Ballonwald
1372
Gartenhtt.
1555
1390
Maltaberg
Stubeck
Frido-Kordon-Htt.
Gigler
Jh. Ronnach
1156
1274
843
Malta
Moos

Tour 32: Reitereck, 2790 m

Talort:	Malta, 843 m, im Maltatal
Aufstieg:	Wie Tour 31 bis in die Faschaun. Nun links des Feistritzbaches über das Maltinger Alpl zur Ochsenhütte, 2193 m. Richtung Norden auf den Ostkamm und über diesen zum Gipfel. (1400 Hm/3½–4 Stunden)
Abfahrt:	Wie Aufstieg oder je nach Verhältnissen sehr steil über die Südostflanke.
Stützpunkte:	Gasthof Steinacher, 1300 m Leonard-Hütte, 1600 m (je nach Bedarf geöffnet) Kramerhütte, 1600 m
beste Zeit:	März
Schwierigkeit:	mittel bis schwer, Vorsicht bei starkem Neuschneezuwachs!
Karte:	ÖK 1:50.000, Blatt 156, 182

Eine lange Schiroute führt uns auf den Gipfel des Reiterecks. Tief unter uns breitet sich das Pöllatal aus, über das der Hafner mit den Lanischseen seine Schirmherrschaft ausbreitet. Spitze um Spitze reiht sich vor unseren Augen und nur das Knirschen des Schnees unterbricht die Stille dieser einsamen Bergwelt.
Die Abfahrt vom Reitereck ist ein wahres »Schizuckerl« und läßt keinen Schifahrerwunsch offen.
Es ist auch möglich, vom Stubeck über die sich bietenden Westhänge in die Faschaun abzufahren und auf diese Weise Faschaunereck und Reitereck zu besteigen.

Tour 33: Schober, 2967 m

Talort:	Malta, 843 m

Tour 33
2378
2588
Melnikscharte
Melchereisig
2546
2468
Plattenscharte
Girlitzsp
Seemannscharte
2695
2967
Schober
2814
Seemannwand
2577
Ochsenhtt.
Lasörn
Ebeneck
2696
Taschenspitze
2765
Glockenwände
1932
2781
Elendspitze
Winkelwand
Perschitz
Elendkar
1761
2790
Reitereck
2062
2730
Winkelspitze
2351
Bärensteig
Glockwandscharte
2537
Ochsenhtt.
2193
Mirzhütte
Kerschhacklhof
1548
2228
1830
Faschauner eck
Glockwand
Loibspitze
Maltinger
868
Wegscheiderhtt.
1851,6
1695
In der Perschitz
1552
Faschaunleiten
Eggenhtt.
2161
1225
847
Schlüsselhtt.
Sieghtt.
2272
In der Lasör
Pflüglhof
1602
Leitenhtt.
853
Koschach
Ahorner
First
Faschauner Törl
1779
Kramerhtt.
35
1608
826

Aufstieg: Vom Gasthof Sonnblick in der Brandstatt (einige Kilometer nach Malta) auf einem Fußweg durch Wald zur Schlüsselhütte, 1320 m. Nun geradeaus in Richtung Norden links des Fallbaches zur Mitterberghütte in der Perschitz, 1830 m. Von der Hütte sieht man schon das weite Perschitzkar, das in nördlicher Richtung den Anstieg zur Seemannsscharte, 2695 m, vermittelt (Schidepot). Über den Ostgrat etwas ausgesetzt zum Gipfel. (2100 Hm/6–7½ Stunden)

Abfahrt: wie Aufstieg

Stützpunkte: keine

beste Zeit: März bis Mai

Schwierigkeit: schwer, lang und anstrengend!

Karte: ÖK 1:50.000, Blatt 156, 182

Mit der Schitour auf den fast 3000 m hohen Schober haben wir die längste Oberkärntner Tagesschitour gewählt. Der Aufstieg ist schon ein harter Konditionstest, der einem so manchen Schweißtropfen in der warmen Frühlingssonne kostet. Da man südseitig aufsteigt, muß man schon sehr zeitig am Morgen weggehen. Dafür wird man aber mit einer gigantisch langen Abfahrt, die ihresgleichen sucht, zur Gänze entschädigt.
Wer es aber eher nicht so anstrengend liebt, der kann auch die Winkelspitze, 2351 m, oder die Winkelwand, 2677 m, über die freien Südosthänge der Perschitz besteigen. Ebenfalls äußerst lohnende Schiunternehmungen mit prachtvollen Ausblicken.

Tour 34: Oberlerchnerspitz, 3106 m

Talort: Gmünd, 741 m / Koschach, 850 m

Aufstieg: Vom Parkplatz an der Kölnbreinsperre, 1931 m, über die Staumauer und im Langkar unter den Langkarwän-

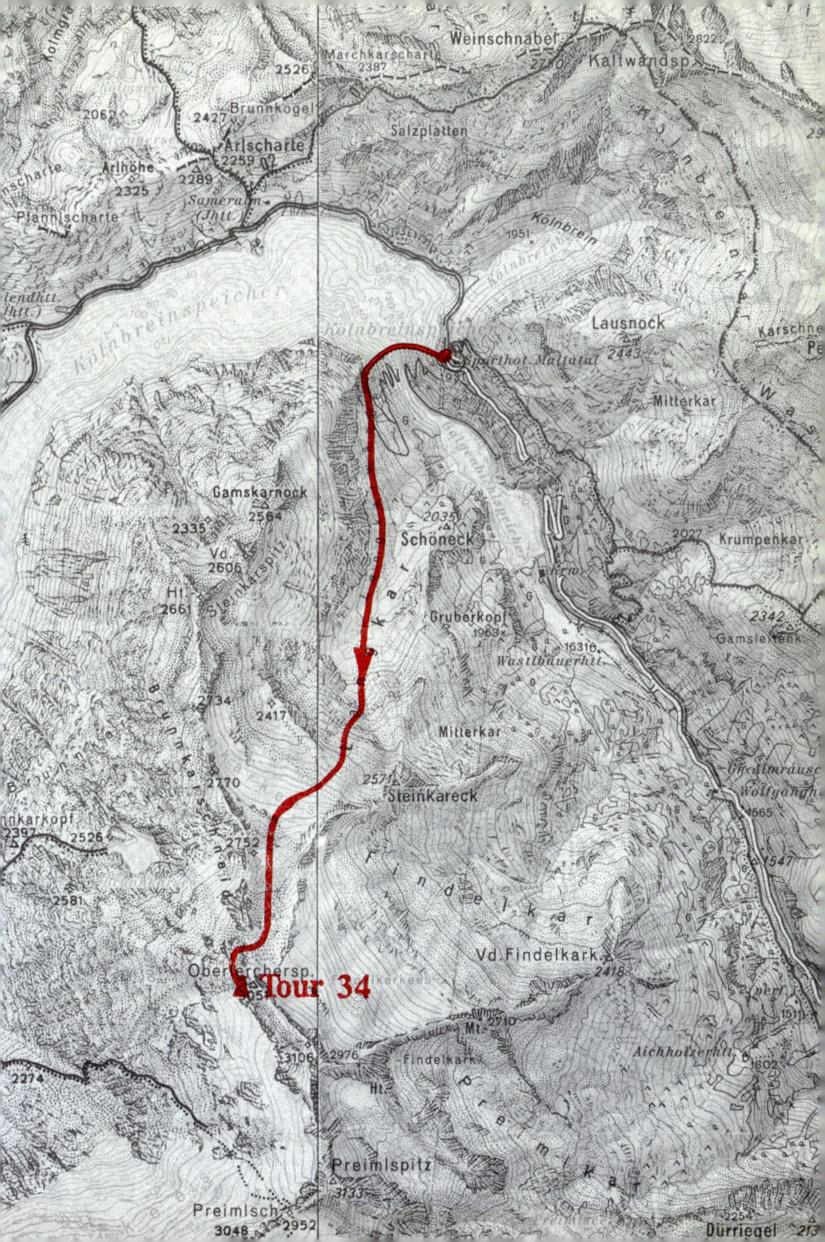

Weinschnabel
Kaltwandsp.
2822
Marchkarscharte
2387
2526
Brunnkogel
2427
2062
Arlscharte
2259
Arlhöhe
2289
2325
Salzplatten
Samerahm
(Jhtt.)
Plannischarte
Kölnbrein
1951
Kölnbreinspeicher
Lausnock
2443
Sporthot. Maltatal
Mitterkar
Gamskarnock
2564
2335
Vd.
2606
Steinkarspitz
Ht.
2661
2035
Schöneck
2027
Krumpenkar
Gruberkopf
1963
2342
Gamsleitenk.
1631
Wastlbauerhtt.
2734
2417
Mitterkar
2770
2571
Steinkareck
1565
2397
2526
2752
1547
2581
Findelkar
Vd. Findelkark.
2418
Oberlercbersp.
Tour 34
Mt.
2710
3106
2976
Findelkark
Aichholzerhtt.
1602
2274
Ht.
Preimlspitz
3133
Preimlsch
3048
2952
2254
Dürriegel

den aufwärts zum Langkarkees. Über dieses hinweg und nach Süden zwischen den Felserhebungen des Steinkarecks und Oberlerchnerspitzes aufwärts zu Punkt 3051 m am Nordwestgrat. Schidepot und zu Fuß zum Gipfel. (1200 Hm/3½–4 Stunden)

Abfahrt:	wie Aufstieg
Stützpunkte:	Hotel Maltatal, 1931 m (ab Mai geöffnet)
beste Zeit:	Mai bis Juni
Schwierigkeit:	schwer, hochalpin, Vorsicht bei Nebel!
Karte:	AV-Karte 1:25.000, Blatt 44 ÖK 1:50.000, Blatt 155, 156

Vom Parkplatz können wir schon die Aufstiegsroute zum Oberlerchnerspitz gut einsehen. Auch der Oberlerchnerspitz ist eine hochalpine Tour, die alpine Erfahrung und bei Nebel guten Orientierungssinn voraussetzt. Eine lange und anstrengende Tour, immerhin auf einen Dreitausender, der uns aber mit der Abfahrt für alle unsere Mühen voll entschädigt. Diese weiten Hänge sind es, die uns zu langen und schnellen Schwüngen im schmierigen Firn herausfordern. An der Kölnbreinsperre angelangt, verfolgen wir noch lange unsere Spuren in den Firnhängen des Oberlerchnerspitzes, und ein jeder träumt seinen Schitraum. Und wenn uns am Nachmittag dann noch Zeit bleibt, lohnt es sich, in Gmünd dem Porsche-Museum einen Besuch abzustatten.

Tour 35: Hafner, 3076 m

Talort:	Gmünd, 741 m / Koschach, 850 m
Aufstieg:	Vom Punkt 1512 m an der Maltatal-Hochalm-Mautstraße folgt man einer Forststraße Richtung SO zur Oberen Maralm, 1816 m. Richtung NW erreicht man

◀ ***Die Kölnbreinsperre im Maltatal vom Aufstieg zur Kölnbreinspitze.***

	über freies mittelsteiles Gelände die Kattowitzer Hütte, 2319 m. Von der Hütte hält man sich nach NW über die freien Hänge des Ochsenkars zu Punkt 2769 m am Hafner Südwestgrat. Schidepot und zu Fuß über einen Blockgrat in leichter Kletterei zum Gipfel. (1550 Hm/ 4½–5 Stunden)
Abfahrt:	wie Aufstieg
Stützpunkte:	Kattowitzer Hütte, 2319 m (ab Ende Juni bew., Winterraum, AV-Schloß)
beste Zeit:	Mai bis Juni
Schwierigkeit:	schwer, hochalpin, Kletterfertigkeit am Grat notwendig
Karte:	AV-Karte 1:25.000, Blatt 44 ÖK 1:50.000, Blatt 156

Die Schitour auf den Hafner führt uns zum östlichsten Dreitausender der Alpen. Sein Aufstieg gestaltet sich als sehr lang und am Südwestgrat wird im Blockgelände schon etwas Kletterfertigkeit verlangt.
Wenn wir aber dann am Gipfel des Hafners stehen, breitet sich vor unseren Augen ein weites Bergpanorama aus. Weit unter uns sieht man den Rotgüldensee, in nordwestlicher Richtung erstreckt sich die Gratkette mit Petereck, Kölnbreinspitz und Kaltewandspitz, deren Gipfel sich über der Kölnbreinsperre erheben und vis-à-vis befinden sich Ankogel, Hochalmspitze und Oberlerchnerspitz.
Die Abfahrt erlebt man als äußerst lohnend, denn weite Hänge in schöner Södost-Lage gestatten ein genußvolles Schwingen. Die abschließende Schußfahrt bringt einen über die Forststraße wieder zum Auto zurück.

Tour 36: Kölnbreinspitze, 2934 m
Kaltwandspitze, 2822 m

Talort: Gmünd, 741 m / Koschach, 850 m

Aufstieg: Vom hinteren Parkplatz an der Kölnbreinsperre, 1931 m, nach Osten in das breite Kölnbreinkar. In diesem aufwärts und steil ansteigend über die Ochsleiten, danach flacher werdend über kupiertes freies Gelände nach Osten in ein Schartel rechts des Nordwestgrates der Kölnbreinspitze. Über Blockwerk in leichter, aber brüchiger Kletterei zum Gipfel. (1000 Hm/3–3½ Stunden)
Zur Kaltwandspitze gelangt man, wenn man sich nach Verlassen der Ochsleiten Richtung Norden ebenfalls über freies Gelände hält. Mit Schiern bis zum Gipfel. (900 Hm/3 Stunden)

Abfahrt: wie Aufstieg

Stützpunkte: Hotel Maltatal (ab Mai geöffnet)

beste Zeit: Mai bis Juni

Schwierigkeit: mittel bis schwer, hochalpin. Am Kölnbreinspitz-Nordwestgrat Kletterfertigkeit erforderlich, teilweise ausgesetzt.

Karte: AV-Karte 1:25.000, Blatt 44
ÖK 1:50.000, Blatt 156

Auf die Kölnbreinspitze und die Kaltwandspitze führen uns zwei hochalpine Schirouten, wobei man mit den Schiern bis zum Gipfel der Kaltwandspitze gehen kann. Für viele wird die Scharte bei der Kölnbreinspitze das Ziel bedeuten. Der brüchige Blockgrat zum Gipfel verlangt eine leichte Kletterei und sicheres Steigen, daher nicht jedermanns Sache.
Will man die freien Hänge und die steile Ochsleiten bei gutem Firn antreffen, dann bleibt einem ein zeitiger Aufbruch nicht erspart. Diese zwei ausgesprochenen Frühjahrsschitouren werden einem aber dann einen speziellen Schihochgenuß vermitteln.

Tour 37: Weinschnabel, 2750 m

Talort: Gmünd, 741 m / Koschach, 850 m

Tour 37
Tour 36
Tour 35
Weinschnabel
Kaltwand
Muritzenkar
Haderlingsp.
Kölnbreinsp.
Salzplatten
Böckrücken
Lausnock
Karschneid
Petereck
Wastlkarscharte
Wildes Wagendrichlkar
Mitterkar
Rotgüldenkees
Schöneck
Krumpenkar
Marschneid
Gruberkopf
Gamsleitenk.
Wastlbauerhtt.
Kattowitzerhtt.
Mitterkar
Kuhkarschneid
Steinkareck
Wolfganghtt.
Moosboden
Vd. Findelkark
Ob. Marhütte
Aichholzerhtt.
Findelkark

Aufstieg:	Vom hinteren Parkplatz an der Kölnbreinsperre, 1931 m, nach Osten in das breite Kölnbreinkar. In diesem aufwärts und steil ansteigend über die Ochsleiten, danach flacher werdend über kupiertes Gelände nach NW, an der Kaltwandspitze vorbei zum Punkt 2680 m. Schidepot. Über den Nordostgrat zum Gipfel. (850 Hm/ 3–3½ Stunden)
Abfahrt:	wie Aufstieg
Stützpunkte:	Hotel Maltatal, 1935 m (ab Mai geöffnet)
beste Zeit:	Mai bis Juni
Schwierigkeit:	mittel bis schwer
Karte:	AV-Karte 1:25.000, Blatt 44 ÖK 1:50.000, Blatt 156

Wie die Kölnbreinspitze stellt auch der Weinschnabel eine hochalpine Tour dar. Da die Hänge am Weinschnabel südseitig liegen, empfiehlt sich auch hier ein schon zeitiger Aufbruch. Wenn dann die Sonne die festgefrorene Firndecke schon etwas erweicht hat, ist es an der Zeit, mit der Abfahrt zu beginnen.
Vorsicht bei Nebel, denn durch das überaus weitläufige Gelände ist eine Orientierung mitunter recht schwierig. Aber gerade dieses weitläufige Gelände ist es, das die Schirouten rund um die Kölnbreinsperre so reizvoll macht und einen Abfahrtsgenuß um den anderen beschert.

Tour 38: Tischlerspitze, 3001 m

Talort:	Gmünd, 741 m / Koschach, 850 m
Aufstieg:	Von der Kölnbreinsperre, 1903 m, am rechten Uferweg bis zur Kleinelendbrücke, 1917 m. Nun zweigt man nach rechts ab Richtung Westen in das Kleinelendtal und folgt diesem bis zum Steinkarboden und gelangt in Richtung SW in das Steinkar. Nun nach Westen über die weiten

	Gletscherhänge sehr steil den besten Bedingungen folgend in die Tischlerspitzscharte, 2879 m; Schidepot. Über den Nordgrat zum Gipfel. (1000 Hm/4–5 Stunden)
Abfahrt:	wie Aufstieg
Stützpunkte:	keine
beste Zeit:	Mai bis Juni
Schwierigkeit:	schwer und hochalpin
Karte:	AV-Karte 1:25.000, Blatt 44 ÖK 1:50.000, Blatt 155, 156

Obwohl man die Tischlerspitze nur durch einen relativ langen Zustieg erreicht, entschädigt sein Gipfel und die darauffolgende Abfahrt über die weiten Osthänge ins Steinkar vollends.
Am Fuße der Tischlerspitze befindet sich das wild zerklüftete Kleinelendkees, dessen Befahrung wegen größter Spaltengefahr nicht anzuraten ist. Nur am Südende bestehen Abfahrts- und Aufstiegsmöglichkeiten, die uns dann den Ankogel eröffnen.
Oft kann man diese Schiroute noch bis Ende Juni gehen und gute Firnverhältnisse vorfinden. Selbstverständlich sind alpine Erfahrung, guter Orientierungssinn und eine passende Kondition notwendige Voraussetzungen zur Durchführung dieser Tour.

Tour 39: Hochalmspitze, 3360 m

Talort:	Gmünd, 741 m / Koschach, 850 m
Aufstieg:	Vom hinteren Parkplatz an der Kölnbreinsperre am rechten Seeufer den Seeweg zur Osnabrücker-Hütte, 2022 m, folgend. Von der Hütte Aufstieg durch das Großelendtal Richtung SO zur Preimelscharte, 2953 m. Von der Scharte über das Hochalmkees in südwestlicher Richtung auf den schneeigen Gipfel der Hochalmspitze, 3360 m. (1450 Hm/5–7 Stunden)

Tour 38
Tischlerkarsch.
2723
Tischlerkar
Hölltorkogel
2905
Rotspitze
2897
Weißspitze
2822
2937
Tischlerspitze
3001
3002
Bivakschachtel
Paltner Seekogel
2531
Am Akar
2162
Unt. Lainkarsch.
2245
2316
Lainkarkogel
2428
Ob. Lainkarsch
2363
Lainkarspitzen
2529
2630
Hölltorsp.
2845
Schoberkarl
2332
Hölltorriegel
2977
Vd. Radeckalm
1573
1911
1701
Radeckalm
Hölzerne Wände
Blecksen
Schwarzk
3168
Viehzeitkg.
2481
Knallkar
Grauleitenspitz
2893
2876
2874
2673
Hannoverhaus
2608
2722
Schönbrettlerkg.
2738
2573
Ebeneck
2163
2460
Hoher Tauern
(Korntauern)
Göttinger Weg
Goslarer Weg
2548
Kleinnapscharte
2528
2289
2384
Lucketörl
Etschlsattel
Alte Hannoverhtt.
2521
Hintere Lucke
Trom
Spitzsteinhtt.
2152
2330
Menggeltein
1695
Tromhtt.
(Jhtt.)
1790
1989
Hochalmblick
1813
1892
1796
Lassacher A.
Schmußnerhtt.
Seebachtal
Talhütte
(Jhtt.)
1274
Brunnriegel
1819
1728
Ghf. Alpenrose
Repeschnigalm

Pfannlscharte
2276
Mitterboden
Kleinelendhtt.
1998 (Jhtt.)
2079
Kleinelendtal
Kölnbreinspeicher
Steinkar
Hoher First
Nördl.
2915
Mi.
2933
Südl.
2906
Schwarzhorn
Eisenriegel
Gamskar
2335
Vd.
2606
Ht.
2661
Steinkarspitze
arsch.
kopf
Zwischenelendsch.
2699
2541
Schwarzhornsee
2734
Brunnkar
Brunnkarschneid
Großelend
3107
2937
2865
2770
1985
Brunnkarkopf
2397
2526
2752
2022 Osnabrücker Htt.
2334
2581
Ombrometer
Fallboden
2674
Großelendsch.
2426
Oberlerch
3051
2771
Platschkopf
2728
2556
Kälberspitzsch.
2503
2274
2838
Kälberspitzen
Törlspitz
2788
Celler Spitzen
2853
Mojsisovicsspitze
Hannoversch.
2843
Preimlsch
3048
2881
Karlspitz
Elendköpfe
3071
2936
2901
2918
enboden
Celler-Htt.
Hinteres Kar
Jochspitzen
3178
3315
Großelendk.
2239
Celler Weg
Kärle
Schöbern
Tour 39
Hochalms
3360

Abfahrt: wie Aufstieg

Stützpunkte: Hotel Malta/Kölnbreinsperre, 1931 m (ab Mai geöffnet) Osnabrücker-Hütte 2022 m (Winterraum offen, 14 Lager)

beste Zeit: Mai bis Juni

Schwierigkeit: schwer und hochalpin, Gletscherausrüstung!

Karte: AV-Karte 1:25.000, Blatt 44
ÖK 1:50.000, Blatt 155

Als Tagestour ist die Hochalmspitze ein langes und anstrengendes, vor allem aber auch hochalpines Schiunternehmen. Wir waren Anfang Juni auf dieser Kärntner Schihochroute unterwegs, mußten natürlich fast den ganzen Seeweg unsere Schi tragen, erlebten aber bei der Abfahrt durchs Großelendtal Firnfreuden ganz besonderer Art. Für solche Schieindrücke nimmt man selbst den »Hatscher« entlang des Stausees gerne auf sich.
Da der Anstieg sehr lang ist, sollte man auf dieser Tour schon sehr zeitig unterwegs sein, um wahre Firngenüsse erleben zu können.
Je nach Verhältnissen ist aber auch Gletscherausrüstung (Seil, Pickel etc.) zu empfehlen, denn wir befinden uns in der Gletscherregion der Hohen Tauern.
Eine andere Aufstiegsmöglichkeit ergibt sich auch über die Gießener-Hütte, wobei beim Aufstieg zu den »Steinernen Mandln« eine versicherte Kletterstelle zu passieren ist.

Tour 40: Stoder, 2433 m

Talort: Trebesing/Neuschitz, 1100 m

Aufstieg: Mit dem PKW bis zu den letzten Gehöften der Neuschitz. Dann entlang einer Forststraße zur Bergfriedhütte, 1775 m. Nun durch Wald Richtung NW und anschließend im freien Gelände zum Gipfel. (1300 Hm/ 3–3½ Stunden)

Tour 40
Stoder
2433
Gmeineck
2592
Schwalbenfeld
Neuschitzer Wiesen
Pfannalm
Bergfriedhtt.
1775
Gamperhtt.
Sparberkopf
1460
Steinkopf
2151
Gamper
1028
Rachenbach
Oberloibeneck
1987
1848
1456
Biedermannalm
Ballonalm
1674
1670
Steinbruggeralm
Salentinig-alm
Schwindlitzgr.
1442
1348
Egarteralm
Greutbühel
1054
Hintereggen-Maiß
Altersberg
942
980
Zelsach
Kolm
1598
1126
Steinbrückenb.
Hintereggen
Steinbrugger
716
Res.
1127
866
10
Kohlmar
Kolmwirt
1176
Eckberg
Hühnersberg
Edling
Pichorn
Pistum
St. Paul
Moos im Eck
873
Oberdorf
Lieser-hofen
Maria Bichl
603
Feicht
Litzldorf
Olschitzen
Feichtendorf
Raufen
638
909
1845

Abfahrt: wie Aufstieg

Stützpunkte: Gasthof Hanselbauer, 1050 m (ganzj. geöffnet)

beste Zeit: Jänner bis April

Schwierigkeit: mittel

Karte: ÖK 1:50.000, Blatt 182

Der Stoder ist wohl ein unbekannter Schigipfel, jedoch umso mehr ein Schiberg mit Format. Der Aufstieg wie auch die Abfahrt führen uns durch sehr abwechslungsreiches Gelände. Ein Schwingen über lange freie Hänge wechselt mit einem Paradenaturslalom durch lichte Wälder und eine rassige Schußfahrt über die abschließende Forststraße bringt uns bis vor die Tür des Gasthofes Hanselbauer, der für uns schon köstliche Leckerbissen aus Kärntens Küche bereithält.
Auch komfortable Übernachtungsmöglichkeiten sind gegegeben, wenn man am nächsten Tag noch eine Tour auf das Gmeineck geplant hat.

Tour 41: Gmeineck, 2592 m

Talort: Lendorf, 561 m

Aufstieg: Zufahrt aus dem Drautal über Lendorf bis zum Gasthof Kolmwirt am Hühnersberg, 1000 m. Auf einem Güterweg in den Hintereggengraben und weiter auf Forstweg über die Salentinigalm bis zur Waldgrenze. Nun linkshaltend über einen breiten Rücken an der Südseite direkt zum Gipfel. (1600 Hm/4–5 Stunden)

Abfahrt: wie Aufstieg

Stützpunkte: Gasthof Kolmwirt, 1000 m

beste Zeit: Februar bis April

Schwierigkeit: mittel bis schwer

Karte: ÖK 1:50.000, Blatt 182

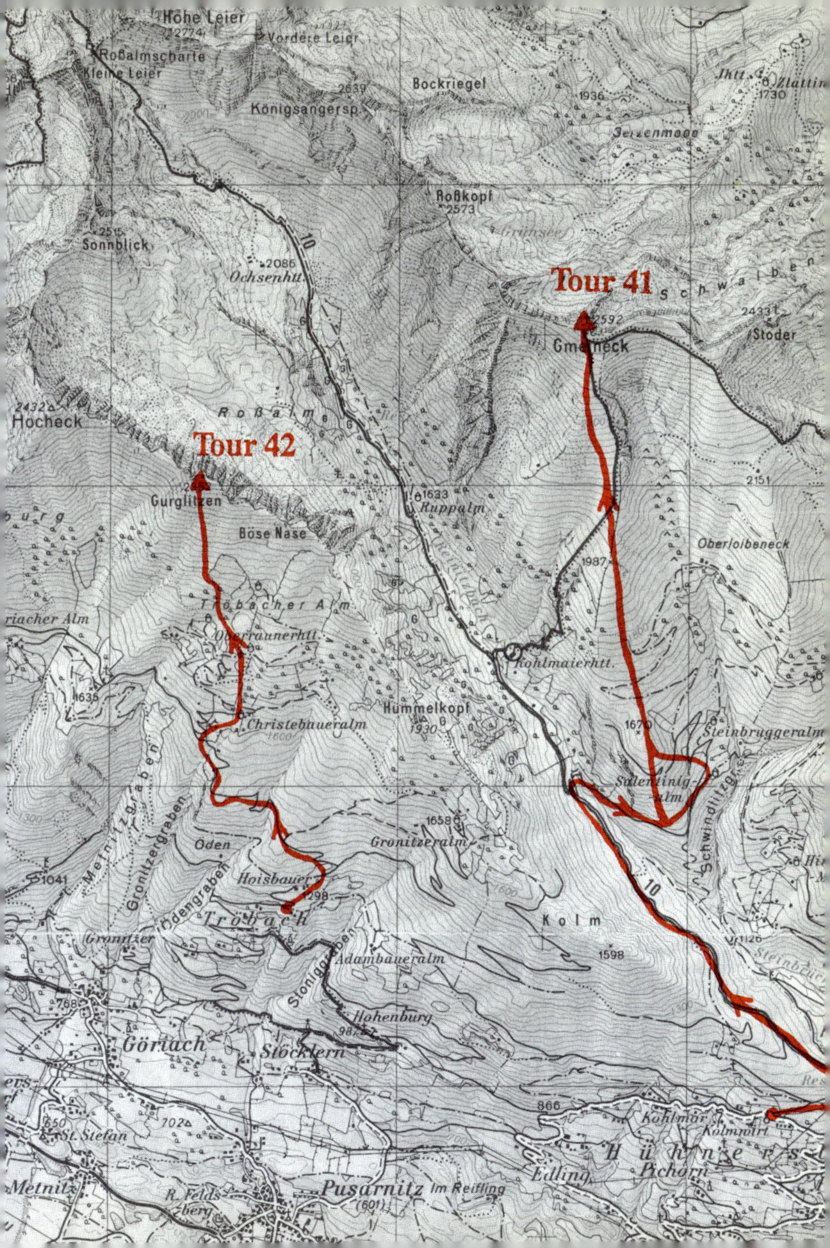
Tour 41
Tour 42
Hohe Leier
Vordere Leier
Roßalmscharte
Kleine Leier
Bockriegel
Königsangersp
Roßkopf
Sonnblick
Ochsenhtt.
Schwalben
Gmeineck
Stoder
Hocheck
Roßalm
Gurglitzen
Böse Nase
Ruppalm
Oberloibeneck
Tröbacher Alm
Oberraunerhtt.
Kohlmaierhtt.
Hummelkopf
Christebaueralm
Steinbruggeralm
Salentinig-alm
Gronitzeralm
Öden
Hoisbauer
Tröbach
Kolm
Adambaueralm
Hohenburg
Göriach
Stöcklern
St. Stefan
Kohlmar
Kolmwirt
Edling
Pichorn
Metnitz
Pusarnitz
Im Reifling
Metnitzgraben
Gronitzergraben
Ödengraben
Schwindlitzgr.

Das Gmeineck ist der am weitesten nach Süden vorgelagerte Berg der Reiseckgruppe und geizt nicht gerade mit landschaftlichen Reizen. Wir waren Ende März am Gmeineck unterwegs und konnten Sonne und Superfirn am Südhang genießen.
Es ist auch möglich, über das obere Loibeneck zur Ballonalm und weiter nach Zelsach abzufahren. Beide Varianten stellen äußerst lohnende Abfahrten dar.

Tour 42: Gurglitzen, 2352 m

Talort:	Lendorf/Göriach, 768 m
Aufstieg:	Mit dem Auto bis zum Hoisbauer, 1298 m. Man folgt der Forststraße bis zur Christebauerhütte, 1640 m. Über die freien Flächen der Tröbacher Alm steigt man in Richtung Norden geradeaus zum Gipfel. (1050 Hm/2½–3 Stunden)
Abfahrt:	wie Aufstieg
Stützpunkte:	keine, Christebauerhütte geschlossen
beste Zeit:	Jänner bis März
Schwierigkeit:	leicht
Karte:	ÖK 1:50.000, Blatt 182 Kompaß-Wanderkarte 1:50.000, Blatt 66

Wenn man am Gipfel der Gurglitzen steht, befindet man sich am Eingang in die Reißeckgruppe, weit oberhalb des Mölltales.
Neben der Gurglitzen bieten das Hochegg, die Böse Nase und der Hummelkopf weitere lohnende Anstiege, die ebenfalls über die Christebauerhütte unternommen werden können.

Tour 43: Roßalmscharte, 2500 m

Talort:	Kolbnitz, 614 m
Aufstieg:	Auffahrt mit Schrägaufzug und Reißeck-Höhenbahn zum Sporthotel Reißeck, 2224 m. Vom Hotel in südlicher Richtung am rechten Rand des Großen Mühldorfersees entlang. In Kehren steigt man zur Roßalmscharte auf. Vorsicht beim Queren zur Scharte, eventuell Lawinengefahr. (400 Hm/1–2 Stunden)
Abfahrt:	Die Abfahrt führt in südöstlicher Richtung durch den langen Hintereggengraben nach Hintereggen vor Altersberg, 942 m (zweites Auto von Vorteil).
Stützpunkte:	Hotel Reißeck, 2224 m (zur Zeit der Schisaison bew.)
beste Zeit:	Februar bis April
Schwierigkeit:	leicht, Vorsicht bei Querung zur Scharte bei Neuschnee
Karte:	ÖK 1:50.000, Blatt 182

Mit den Reißeck-Bahnen einmal zu fahren, ist schon ein besonderes Erlebnis. Der Schrägaufzug, der steilste ganz Europas, bringt einen schnell auf 2000 m und dann geht es gemütlich mit der Eisenbahn, einer Schmalspurbahn zum Reißeck-Höhenplateau hinüber.
Der Aufstieg ist kurz und gemütlich, die Abfahrt lang und beeindrukkend. Unter der Hohen Leier, Königsangerspitze und dem Gmeineck schwingt man über weite Hänge und Kare in den Hintereggengraben hinein. Vorsicht bei Neuschnee und starker Tageserwärmung im Hintereggengraben!
Eine Abfahrt, die man bis spät ins Frühjahr hinein unternehmen kann.

Tour 44: Reißeck, 2965 m

Talort:	Kolbnitz, 747 m
Aufstieg:	Zuerst wie Tour 43. Vom Hotel nach Norden über einen Bergrücken oberhalb der Stauseen aufwärts und dann fallende Querung in den Talkessel. Nun Anstieg zum Rieckentörl, 2525 m. Querung unter dem Radelkopf bis zu einem Steilhang, der zur Kaltherberg-Scharte leitet (Schidepot). Zu Fuß über den felsigen Südwestkamm zum Gipfel. (720 Hm/2½–3 Stunden)
Abfahrt:	wie Aufstieg
Stützpunkte:	Hotel bzw. Hütte Reißeck, 2244 m (Dezember bis April bew.)
beste Zeit:	Dezember bis April
Schwierigkeit:	leicht bis mittel
Karte:	ÖK 1:50.000, Blatt 182

Das Große Reißeck ist mit seinen fast dreitausend Metern der höchste Berg der Reißeckgruppe. Der Aufstieg zeigt sich als nicht sehr schwierig, doch achte man bei den Querungen auf eventuelle Schneebrettgefahr.

Die Reißeckschiroute ist eine Tour von mehr touristischem als schifahrerischem Wert. Vom Gipfel bricht die Reißecknordseite steil in das weite Ritterkar ab, das direkt in den Gößgraben leitet. Zum Greifen nahe ist das Säuleck, Kärntens »Damendreitausender« und das Trippkees mit den Bewachern der Hochalmspitze, den »Steinernen Mandln«. Bei schönem Wetter erlebt man auf dieser Route herrliche Ausblicke auf Kärntens Bergwelt.

Tour 45
Tour 44
Tour 43
Zaubernock
Großer Stapnik
2872
Reißeck
Kl. Reißeck
2924
Ritterkarsp.
Tandlspitze
Hohenkareck
2544
Hohenkar
Fleischwände
Kalte-Herberg-Scharte
Zinkenspitzen
2430
Kesselesee
2321
Radlsee
(Hoher See)
Zottachhtt.
2069
Hirnhtt.
Radlkopf
Radleck
2802
Rieckentörl
Riedbock
2822
Radlmauer
Kesselsteig
Kessel
Martinscharte
2504
(2379)
Kammwand
2753
Adlerhorst
(2319)
Donnerschlagsp.
2386
Reißeckhtt.
Mühldorfer Ochsenalm
Hohe Leier
2774
Vordere Leier
Roßalmscharte
Kleine Leier
2558
Hochkedl
Königsangersp.
2639
1672
Staffenhöhe
2336
Geißhtt.
2515
Sonnblick
Im Goaßele
2086
Ochsenhtt.
Dürriegel
Jhtt.
Seitnerquelle
Norbertjhtt.
2432
Hocheck
Roßalm
2352

Tour 45: Zaubernock, 2944 m

Talort:	Kolbnitz, 747 m
Aufstieg:	Wie Tour 44 zum Rieckentörl. Nun Abfahrt zum Hochalmsee, 2379 m. In der Mulde nun Richtung Norden zum Gipfelgrat (Schidepot). Zu Fuß etwa 200 m zum Gipfel. (850 Hm/3½–4 Stunden)
Abfahrt:	Wie Aufstieg oder über obere und untere Mooshütte zur Zandlacher-Hütte und eine Forststraße benützend nach Kolbnitz.
Stützpunkte:	Hotel bzw. Hütte Reißeck, 2244 m (Dezember bis April bew.)
beste Zeit:	Dezember bis April
Schwierigkeit:	leicht bis mittel, Vorsicht bei Nebel!
Karte:	ÖK 1:50.000, Blatt 182

Zwischen Reißeck, Stapnik und Rieckener Sonnblick liegt der Zaubernock, eingebettet im Herzen der Reißeck-Gruppe. Vom Gipfel des Zaubernocks können wir einen herrlichen Ausblick zur Ankogel- und Hafnergruppe genießen. Diese Tour, die uns über ein welliges Hochplateau, das drei Talkessel verbindet, führt, kann auch bei nicht ganz sicheren Verhältnissen durchgeführt werden. Gute Sicht sollte dennoch gegeben sein.

Tour 46: Teuchlspitz, 2320 m

Talort:	Napplach im Mölltal/Teuchl, 1260 m
Aufstieg:	Von Teuchl (Autoumkehrplatz unterhalb einer kleinen Kirche) steigt man nach Norden, rechts eines Baches, vorbei an mehreren Hütten immer geradeaus auf, bis

Tour 46
Schöneck
2179
Böse Nase
2297
Wildgrube
Kohlstatt
Strumitzenalm
Moseralm
1564
Wölfligraben
1047
Wölflhtt.
(Jhtt.)
652
Teuchlspitz
Napplach
2277
1817
Ob. Eggeralm
Unt. Eggeralm
1379
Eggen
1934
787
Pekastnigalm
Pekastnig
Obersabernig
Brandlwald
Hanselekeusche
Schwarzwald
1278
Sammergraben
Auernig
Teuchl
(1250)
Pleschischgalm
Alpenheim
Miklitzhtt.
1170
1058
Hubertusheim
Schwarzwald
Auritschkopf
Achterköpf
Blashütte
(Jhtt.)
2090
Blaskopf
Polenigleiten
Jhtt.
Gasarnalm
Blasalm
2344
Polenig
Salzkofel
2498
Kleiner Bolz
2172
Hoher Bolz
2421
Salztörl
2273
Geierspitz
2403
Stollental
2549
Spelkboden
Schroneck
Goldgrubensch
2502
2448
Kl. Kreuzeck
Heinrich Hecht-Weg
Karlkopf
2508
2505
Salzkof
Mauer
Ambrosalm
Grakofel
2551
2459
Kl. Grakofel
2122
Hochbichl
2275
Stockeralm
Lacknerealm
Lackenbichl

man auf eine Forststraße trifft. (Man kann auch über den Norbert-Kuhl-Weg, rot markiert, aufsteigen. Tafel kurz vor Teuchl vor einem Marterl.) Dieser folgt man in westlicher Richtung bis zur Bekastnigalm, 1777 m. Nun wendet man sich nach Norden, vorbei an einem Bildbaum und gelangt nach einem schmalen Waldgürtel auf die freien Flächen des Teuchelspitz-Südhanges. Nach links auf den Süd-Rücken und über diesen zum Gipfel. (1060 Hm/3 Stunden)

Abfahrt: Wie Aufstieg oder direkt über den steilen Südhang.

Stützpunkte: keine

beste Zeit: März (Vorsicht bei Neuschnee!)

Schwierigkeit: leicht bis mittel

Karte: ÖK 1:50.000, Blatt 181

Der Teuchlspitz liegt am Nordostrand der Kreuzeckgruppe im Bergzug des Poliniks, der mit seinem Gipfel die Kreuzeckgruppe beherrscht. Vom Gipfel des Teuchlspitzes haben wir eine wunderbare Aussicht in die Bergwelt der Reißeckgruppe, wo sich vor uns so manche Schiroute auftut.

Der Aufstieg erweist sich als nicht sehr beschwerlich, wobei sich der Gipfelrücken mit seinen 400 Höhenmetern etwas in die Länge zieht. Die Abfahrt führt über den Südhang und beschert oft schon im Februar ein herrliches Firnerlebnis, das uns dann bis zu den Bekastnigwiesen nach Teuchl hinunter erhalten bleibt.

Tour 47: Lonzaköpfl, 2317 m

Talort: Obervellach/Semslach, 750 m

Aufstieg: Mit dem Auto bis zu den Gehöften Dabernig oder Gugganig, 1281 m. Nun folgt man einem Karrenweg in

Tour 47
Tour 48
Lonzaköpfl
2317
Rodeck
2498
Steinernes Mandl
2168
Lassacher Höhe
2166
Stanieralm
Törlkopf
2517
Krippenhöhe
Mauternitzscharte
2332
Mauternitzgrube
Straköpfe
Böseckhtt.
Wollinitzenalm
Wabenalm
Gruberhtt.
1933
Obere Hütten
(verf.)
Häusleralm
1868
Watzingeralm
1560
Oswaldhtt.
Vd. Wolliggeralm
Ht. Wolliggeralm
1854
Großlab
Huberalpl
Winterbrücke
Ghf. Gutenbrunn
1219
Mallnitz
1191
1179
Kopetschnightt.
Gugganightt.
Gugganigriegel
Gugganig
1281
Ober-
-molliggen
Unter-
Dabernig
Ranach
Semslach
Edenhütte
Poschacher
1264
Kleinfercherhtt.
Moserhtt.
1807
Bughütte
Schusterhtt.
1529
Waben
Bugl
989
Flattachberg
Kleinfercher
980
Großfercher
Moser
Kleindorf
724
Flattach
696
692
Schmelzhütten
Söbriach
730
Goffitzer
690
Tuschentaler
Laussbergalm
Klausbachfall
1851

	Richtung NW, dann N zur Stanerhütte, 1763 m. Über einen SO-Rücken ersteigt man in nordwestlicher Richtung die Lassacherhöhe, 2166 m, überschreitet am SO-Kamm das Steinerne Mandl, 2168 m, und gelangt so zum Gipfel des Lonzaköpfls. (1050 Hm/3 Stunden)
Abfahrt:	Wie Aufstieg oder direkt vom Gipfel in südlicher Richtung über die Staneralm zur Stanerhütte, dann wie Aufstieg.
Stützpunkte:	keine
beste Zeit:	Jänner bis März
Schwierigkeit:	leicht bis mittel
Karte:	ÖK 1:50.000, Blatt 181 AV-Karte 1:25.000, Blatt 42, Schirouten

Mit der Tour auf das Lonzaköpfl befinden wir uns in der Goldberggruppe, die uns eine Fülle von Schitourenmöglichkeiten eröffnet.
Das Lonzaköpfl kann aber auch von der Nordostseite her mit Benützung des Sesselliftes über den anschließenden Nordostgrat bestiegen werden. Ein kurzer Anstieg mit einer dafür lohnenden Abfahrt über die weiten Hänge der Staneralm, die vor allem im Frühjahrsfirn ein Schivergnügen à la carte bietet.

Tour 48: Reßeck, 2498 m

Talort:	Obervellach/Semslach, 750 m
Aufstieg:	Wie bei Tour 47 zur Stanerhütte, 1763 m. Nun wendet man sich nach links und steigt über den SO-Rücken direkt zum Gipfel. (1200 Hm/3–4 Stunden)
Abfahrt:	Wie Aufstieg oder vom Gipfel über die steilen Osthänge der Staneralm zur Stanerhütte. Dann wie Aufstieg.
Stützpunkte:	keine
beste Zeit:	Jänner bis März, April

Schwierigkeit: mittel

Karte: ÖK 1:50.000, Blatt 181
AV-Karte 1:25.000, Blatt 42, Schirouten

Das Reßeck ist ein gern besuchter Schigipfel, dessen Aufstieg und Abfahrt besondere Schigenüsse in jeder Schneeart vermitteln.
Zudem bietet sich eine weitere, wenn auch sehr alpine Möglichkeit einer Schiroute, wenn man vom Reßeckgipfel die Törlhöhe bis zum Punkt 2374 überschreitet, um dann in der sich nun bietenden Westrinne zur Wollnitzenalm abzufahren. Entweder man steigt nun noch über das Kar der Wollnitzenalm in nordwestlicher Richtung zur Böseckhütte, 2594 m, auf, oder man nimmt gleich die Abfahrt Richtung Süden über die Vierbauchhütte zur Gruberhütte, wo man dann auf eine Forststraße trifft, die nach Waben hinunterleitet.
Welche Variante man auch immer wählt, jede dieser sich bietenden Routen erweist sich als ein lohnendes alpines Schierlebnis.

Tour 49: Kleine Maresen, 2656 m

Talort: Mallnitz, 1191 m

Aufstieg: Mit dem Auto ins Dösenertal Richtung Wolliggerhütte bis zu den Gehöften Döllnig und Brödnig, 1519 m. In nördlicher Richtung über freie Almwiesen an einigen Stadeln vorbei und durch ein kurzes Waldstück nach rechts auf den Rücken des Eggriegels. Über diesen nach Norden zu Punkt 2500 m und nach rechts zum Gipfel. Es ist auch möglich, in der Mulde zwischen Eggriegel und Wasenlekopf zur Niederen Scharte, 2429 m, aufzusteigen. Nach rechts über Punkt 2500 m zum Gipfel. (1100 Hm/3 Stunden)

Abfahrt: wie Aufstieg

Stützpunkte: keine

Abfahrt durch den Hintereggengraben in der Reißeckgruppe. ▶

beste Zeit:	Jänner bis März
Schwierigkeit:	leicht bis mittel
Karte:	AV-Karte 1:25.000, Blatt 44 ÖK 1:50.000, Blatt 155, 181

Wenn man am Gipfel der Kleinen Maresen steht, erhebt sich vor einem der mächtige Maresenspitz, den man als Draufgabe noch besteigen kann. Auf der einen Seite haben wir das Dösenertal mit dem Säuleck als markante Berggestalt und auf der anderen Seite blicken wir in das Seebachtal hinein, das zu den bekannten Gußenbauerrinnen der Hochalmspitze führt.
Selbstverständlich können auch die Törlköpfe bestiegen werden, um dann über die steile Südflanke abzufahren. Eine Schiroute aber, die erst im Frühjahr durchgeführt werden kann, und da auch nur bei sicheren Bedingungen. Eine andere Möglichkeit wäre noch zum Federweißegg hinüberzugehen und dann zur Wolliggerhütte über die sehr steile Flanke der Garnitzen nach Südwesten abzufahren. Ebenfalls eine reine Frühjahrstour mit lohnender Steilabfahrt.

Tour 50: Großer Ankogel, 3246 m

Talort:	Mallnitz, 1190 m
Aufstieg:	Mit der Ankogel-Seilbahn Auffahrt bis zum Hannoverhaus, 2722 m. Von der Hütte leicht fallende Querung Richtung Großelendscharte, dicht vorbei am Felssporn der Grauleitenwand und über das Lassacherkees zur Radeckscharte, 2874 m. Nun zu Fuß Richtung Osten unschwierig auf den Kleinen Ankogel, 3097 m. In leichter Kletterei über den Südwestgrat zum Gipfel des Großen Ankogels. (600 Hm/2½ Stunden)
Abfahrt:	Wie Aufstieg bis zum Hannoverhaus, dann Piste.
Stützpunkte:	Hannoverhaus, 2722 m (ab Mitte Juni und je nach Betriebszeit der Bergbahn, sonst Winterraum offen)

Tour 50
Tour 49
Ankogel
Kl. Ankogel
3097
Hölzerne Wand
Blecksen
Radecksch.
Grauleitenspitz
2893
2876
2073
Knallkar
Hannoverhaus
2722
2608
Schönbretterkg
2738
2573
Ebeneck
Göttinger Weg
Goslarer Weg
Kleinnapscharte
2528
2674
2771
2548
Etschlsattel
Alte Hannoverhtt.
2384
Lucketörl
2521
Hintere Lucke
Trom
Spitzsteinhtt.
Steinerne Mann
2330
Pleschischg.
2387
2556
Menggeitein
1695
Tromhtt.
(Jhtt.)
1790
1613
2106
Pleschischghtt.
(Jhtt.)
1892
2321
1989
Hochalmblick
1926
1796
Lassacher A.
Schmußnerhtt.
Seebach
1274
Gartenboden
Talhütte
(Jhtt.)
1630
Leitnerhtt.
(Jhtt.)
Mernigleiten
1454
1728
Brunnriegel
1819
Repeschnigalm
Ghf. Alpenrose
Schrammwald
2025
Schönberg
Jhtt.
2056
Sallenigspitz
2186
Valindalm
1849
Noistern
Maresenspitz
Kl. Maresenspitz
2915
2656
Tromkopf
2702
Schallegg
2736
Rauchkopfe
2590
2708
1753
Törlkopf
2446
Maresenkar
Kleinfelds
Glantschnigalm
Dösner Schönberg
Auernig
2234
verf.
Ochsnerhtt.
2007
Kugelköpfl
Arthur-v.-Sch
Konradhtt.
Dösner Htt.
Huberhtt.
Dösner Alm
Eggerhtt.
Wolliggerhtt.
1576
1448

beste Zeit: März bis Mai (Juni)

Schwierigkeit: mittel, aber hochalpin, Kletterfertigkeit notwendig!

Karte: AV-Karte 1:25.000, Blatt 44
ÖK 1:50.000, Blatt 155

Der Aufstieg zum Großen Ankogel wird durch die Seilbahn schon wesentlich erleichtert. Doch deswegen darf man diese Route noch lange nicht unterschätzen, denn die Besteigung des Ankogels erweist sich als hochalpines Unternehmen. Besonders die letzte Kletterei zum Gipfel kann bei Schnee und Vereisung einiges Geschick fordern.
Die Abfahrt hingegen ist nicht schwer, aber 1700 Höhenmeter lang, wenn auch schon ab der Bergstation Pistengelände befahren wird, ist sie dennoch ein erlesenes Schivergnügen.
Der Ankogel kann aber auch vom Maltatal her über das Kleinelendkees bestiegen werden. Eine ebenfalls hochalpine Schiroute, die aber erst ab Mai unternommen werden kann (Öffnung der Maltatal-Hochalmstraße). Der Aufstieg führt wie bei Tour 38 durch das Kleinelendtal ins Steinkar. Nun steigt man Richtung Zwischenelendscharte auf und wendet sich dann nach Westen, um über den Südrand des Kleinelendkeeses bis auf 3000 m aufzusteigen. Nach Südwesten gelangt man zum Beginn des Ankogel-Nordgrates, der in leichter Kletterei zum Gipfel leitet.

Tour 51: Ankogel-Rundtour

Talort: Mallnitz, 1190 m

Übersicht: Die Ankogel-Rundtour führt von Mallnitz auf den Großen Ankogel, 3246 m, zur Osnabrücker-Hütte, 2022 m, hinunter, hinauf zur Hochalmspitze, 3360 m, Steinerne Mandln, 3125 m, Mallnitzer Scharte, 2676 m, zum Arthur-von-Schmid-Haus, 2272 m, hinauf zum Säuleck, 3086 m, ins Dösener Tal und zurück nach Mallnitz.

Aufstieg und Abfahrt: Mit der Ankogel-Seilbahn Auffahrt bis Hannoverhaus, 2722 m. Vom Hannoverhaus leicht fallende Querung Richtung Großelendscharte, dicht vorbei am Felssporn der Grauleitenwand und über das Lassacherkees zur Radeckscharte, 2874 m. Nun zu Fuß unschwierig auf den Kleinen Ankogel, 3097 m. Weiterweg in leichter Kletterei zum Großen Ankogel, 3246 m. (600 Hm/2½ Stunden)

In leichter Kletterei Abstieg zum Kleinelendkees. Abfahrt rechts nahe des Ankogel-Ostgrates bis zu einer kleinen Scharte. Bei der weiteren Abfahrt hält man sich immer rechts bis zu Punkt 2334 m im Fallboden. Die Steilstufe rechts umfahrend, gelangt man zur Osnabrükker-Hütte, 2022 m. (1200 Hm/1 Stunde)

Von der Hütte Richtung SO ins Großelendtal und hinauf zur Preimlscharte, 2952 m. Über das Hochalmkees auf den schneeigen Gipfel der Hochalmspitze, 3360 m. (1350 Hm/4–4½ Stunden) Abstieg über den SO-Grat zu Punkt 3125 m. Steinerne Mandl-Scharte. Steile Abfahrt zum Trippkees, dann flacher werdend und Querung Richtung SW über Trippm's Göß-Boden. Nahe des Großen Gößspitz-Ostsporns nochmaliger Aufstieg zur Mallnitzer Scharte, 2672 m. (150–200 Hm/2 Stunden von der Hochalmspitze) Abfahrt Richtung Westen zum Arthur-von Schmid-Haus, 2272 m (400 Hm/½ Stunde)

Von der Hütte wieder Richtung Mallnitzer Scharte und vor den letzten Felsen Richtung Norden in eine große Mulde. Über einen steilen Hang empor in eine Rinne, die in die Grazer Scharte, 2917 m, leitet (Schidepot). Zuerst dem Sommerweg folgend, dann rechts am Kamm über Blockgelände, einen Schneehang querend zum Gipfel des Säulecks, 3086 m. (810 Hm/2–3 Stunden) Abfahrt bis zur Hütte wie Anstieg und weiter durch das Dösener Tal zurück zum Ausgangspunkt.

(3000 Hm insgesamt Aufstieg und 3600 Hm Abfahrt/16–18 Stunden)

Stützpunkte: Hannoverhaus, 2722 m (Winterraum offen, 10 Lager)

	Osnabrücker-Hütte, 2022 m (Winterraum offen, 14 Lager) Gießener-Hütte, 2215 m (Winterraum offen, 12 Lager) Arthur-von-Schmid-Haus, 2272 m (Winterraum offen, 15 Lager) Villacher-Hütte, 2194 m (Winterraum, AV-Schloß, 6 Lager)
beste Zeit:	April bis Mai (Juni)
Schwierigkeit:	sehr schwer und anstrengend, Kletterfertigkeiten, Gletscherausrüstung notwendig
Karte:	AV-Karte 1:25.000, Blatt 44 ÖK 1:50.000, Blatt 155, 181

Die Ankogel-Rundtour ist eine hochalpine Überschreitung, die alpine Erfahrung, gute Kondition und Orientierung voraussetzt. Außerdem sollte das Bewältigen von kombinierten Kletterstellen im 2. Schwierigkeitsgrad kein Problem sein. Selbstverständlich dürfen auf dieser Tour neben der normalen alpinen Ausrüstung Steigeisen, Pickel und eine eventuelle Seilhilfe nicht fehlen.
Diese Schiroute zeigt sich von ihrer landschaftlich schönsten Seite und die Ausblicke in die Hohen Tauern sind gewaltig. Aber auch die Abfahrten bieten alles, was ein Tourengeher sich so wünscht. Sanfte Gletscher, Schußfahrten, Steile Hänge, Naturslaloms durch weite Wälder und ein einsames Gleiten im unverspurten hochalpinen Dreitausender-Gelände. Ganz wichtig dabei aber sind sichere Schneeverhältnisse und eine beständige Wetterlage. Wenn wir auch schon spät im Frühjahr auf dieser Route unterwegs sind, werden wir den einen oder anderen Hang doch noch im staubenden Pulverschnee antreffen. 3600 Abfahrtshöhenmeter!

Tour 52: Hagener-Hütte, 2446 m

Talort:	Mallnitz, 1190 m
Aufstieg:	Von Mallnitz mit dem Auto ins Tauerntal bis zur Stocker Alm, 1300 m, oder wenn möglich bis zum Parkplatz kurz unter der Jamnig-Hütte, 1680 m. Über die Jamnig-Hütte, 1745 m, in NW-Richtung zuerst flach über den Talboden, dann leicht ansteigend entlang des Tauernbaches über freie Karhänge zur Hütte. (750–1150 Hm/ 2–3½ Stunden)
Abfahrt:	wie Aufstieg
Stützpunkte:	Jamnig-Hütte, 1745 m Hagener-Hütte, 2446 m (Winterraum offen, mit Ofen, gemütlich)
beste Zeit:	März bis Mai
Schwierigkeit:	mittel
Karte:	AV-Karte 1:25.000, Blatt 42, Schirouten ÖK 1:50.000, Blatt 155, 181

Wenn man die Hagener-Hütte erreicht hat, ist es auch noch möglich, den 2583 m hohen Greilkopf in einem unschwierigen Aufstieg zu besteigen.
Wie alle diese Touren im Tauerntal bietet auch diese Route von der Hagener-Hütte eine fantastische Abfahrt über die Genußhänge der Tauernalm.
Bei diesen Touren, ob Rometerspitz, Ebeneck oder Hagener-Hütte, fällt es sehr schwer, irgendeiner den Vorzug zu geben, denn alle Routen haben eines gemeinsam: schöne Anstiege, beeindruckende Ausblicke und fantastische Abfahrten.

Vor der Hagener-Hütte, 2446 m. ▶

Jam
Ma
Mindener
Hannover

Tour 53: Rameterspitz, 2695 m

Talort:	Mallnitz, 1190 m
Aufstieg:	a) Von Mallnitz wie bei Tour 52 ins Tauerntal zur Jamnig-Hütte, 1745 m. Nun wendet man sich nach Norden und steigt rechts der Laschgwand über die freien Hänge des Laschgbodens entlang des Laschgbaches bis auf ca. 2000 m auf. Dem Bach folgt man in einer NO-Schleife und quert dabei den Hagener-Höhenweg. Über einen kleinen Gletscher zum Gipfel. (1000–1400 Hm/4–5 Stunden) b) Vom Parkplatz vor der Jamnig-Hütte kurz durch ein Waldstück nach NW, dann weiter über die freien Hänge des Mähder zum Gipfel.
Abfahrt:	Wie Aufstieg oder direkt über die Südhänge des Mähder.
Stützpunkte:	keine
beste Zeit:	März bis Mai
Schwierigkeit:	mittel bis schwer, Vorsicht bei Neuschnee!
Karte:	AV-Karte 1:25.000, Blatt 42, Schirouten ÖK 1:50.000, Blatt 155, 181

Der Rameterspitz zählt hier in dem Gebiet des Tauerntales zu den lohnendsten und schönsten Schitouren, denn er bietet mit seinen 1400 Höhenmetern eine echte Klasseabfahrt.
Genau in der Art des Rameterspitzes ist auch die Tour zum benachbarten Ebeneck, 2528 m. Zwar etwas niedriger, aber genauso genußvoll. Man steigt zuerst wie zum Rameterspitz auf, wendet sich dann aber in ca. 2200 m Höhe nach Nordwesten und gelangt so über die Hänge der Laserzen zum Gipfel des Ebenecks.

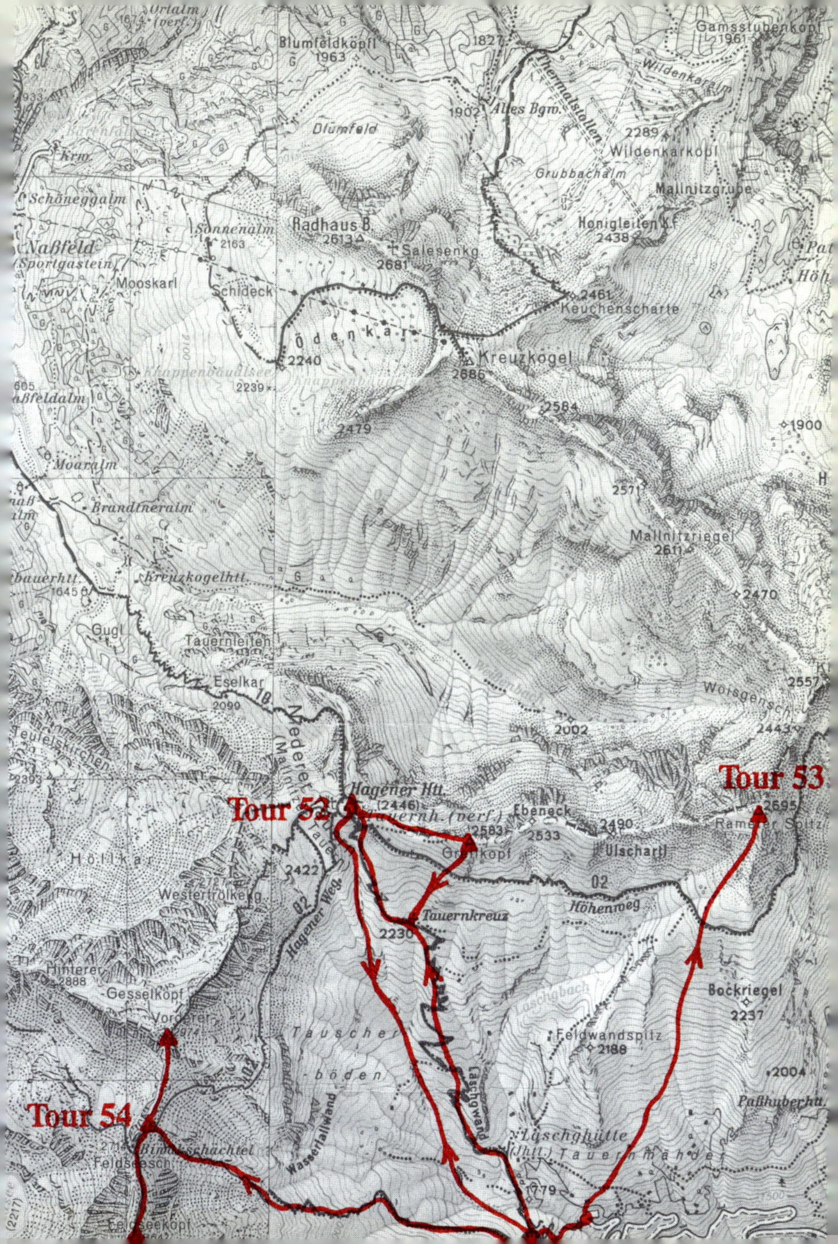
Tour 52
Tour 53
Tour 54
Blumfeldkopf
1963
Gamsstubenkopf
Wildenkarkopf
Mallnitzgrube
Honigleiten K.
2438
Radhaus B.
2613
Salesenkg.
2681
Sonnenalm
Naßfeld
(Sportgastein)
Mooskarl
Schideck
Keuchenscharte
Kreuzkogel
2686
Mallnitzriegel
Brandtneralm
Kreuzkogelhtt.
Tauernleiten
Eselkar
Hagener Htt.
(2446)
Ebeneck
2533
Ulschartl
Grauleitenkopf
Tauernkreuz
2230
Höhenweg
Hagener Weg
Hölltor
Westertrolkeg.
Hinterer
Gesselkopf
Tauscher
böden
Laschgwand
Feldwandspitz
2188
Bockriegel
2237
Paßhuberhtt.
Laschghütte
Tauernmähder
Wasserfallwand
Bimsschachtel
Feldseekopf
Teufelskirchen
Höllkar
Wildenkarlm
Grubbachalm
Schöneggalm
Moaralm
Gugl
Ramettr Spitz
2695

Tour 54: Rudolf Weißgerber-Hütte, 2714 m

Talort:	Mallnitz, 1190 m
Aufstieg:	Von Mallnitz wie bei Tour 52 zur Jamnig-Hütte, 1745 m. In fast genau westlicher Richtung geht es zuerst flach, dann immer steiler werdend links vorbei an der Wasserfall- und Gesselwand und schließlich über sehr steile Hänge zur Hütte in die Feldseescharte. (1450 Hm/4–5 Stunden)
Abfahrt:	wie Aufstieg
Stützpunkte:	Jamnig-Hütte, 1745 m Rudolf-Weißgerber-Hütte, 2712 m (offener Unterstand)
beste Zeit:	März bis Mai
Schwierigkeit:	mittel bis schwer, Vorsicht bei Neuschnee!
Karte:	AV-Karte 1:25.000, Blatt 42, Schirouten ÖK 1:50.000, Blatt 154, 155

Mit der Schitour zur Rudolf Weißgerber-Hütte kann man auch noch die Besteigung des Vorderen Gesselkopfs über den SW-Grat verbinden oder auch über den Nordgrat zum Feldseekopf aufsteigen.
Von der Hütte hat man aber auch einen wunderschönen Ausblick zu den Bergen und Spitzen, die sich um das Schareck mit dem Wurtenkees scharen. Leider wurde auch das Wurtenkees in den letzten Jahren verliftet und fiel so dem Massentourismus zum Opfer. Damit verbunden ist auch der Verlust einer äußerst lohnenden Kärntner Schitour.

◀ ***Aufstieg zum Rameterspitz, 2695 m (Goldberg-Ankogelgruppe).***

Tour 55: Sandfeldkopf, 2920 m

Talort:	Innerfragant, 1112 m
Aufstieg:	Nach dem Hotel Badmeister, 1184 m, nach links über eine Brücke und auf einer Forststraße, vorbei an einem kleinen Stausee, links an einer Felswand vorbei zu einen weiteren kleinen See. In westlicher Richtung gelangt man entlang eines Weges links des Kleinfraganter Baches zur Büchler Alm (Kreuz) und weiter zur Kometer Alm, 1968 m. Nun wendet man sich nach Norden zur Ochsenhütte, 2304 m, und biegt dann vor dieser bei einer Höhe von ca. 2200 m nach Westen ab, quert den von der Saustellscharte, 2560 m, herüberführenden Höhenweg und hält sich über kupiertes Gelände zu Punkt 2513 m. In NW-Richtung etwas steiler in die Bogenitzen Scharte, 2665 m. Nach NO zum Gipfel. (1750 Hm/4–5 Stunden)
Abfahrt:	wie Aufstieg
Stützpunkte:	keine
beste Zeit:	März bis Mai
Schwierigkeit:	schwer, Vorsicht bei Nebel!
Karte:	AV-Karte 1:25.000, Blatt 42, Schirouten ÖK 1:50.000, Blatt 180

Die Tour zum Sandfeldkopf führt über sehr weitläufiges Gelände und weist eine beachtliche Länge auf. Sowohl von der Fraganter Hütte, wie auch vom Sadnig Haus kann der Sandfeldkopf ebenfalls erstiegen werden. Der Anstieg führt dann über die steile Rudenscharte, wobei ca. 1100 Höhenmeter im Aufstieg zurückgelegt werden.
Ob man nun den einen oder anderen Anstieg zum Sandfeldkopf wählt, die Abfahrten halten schon das, was sie beim Aufstieg bereits versprechen. Steile bis mittelsteile Hänge wechseln mit sanftem Almgelände und ausladenden Mulden, die ein erlebnisreiches Schilaufen garantieren.

Tour 56: Maggernigspitze, 2644 m (ÖK Makernigspitz, 2640 m)

Talort:	Innerfragant, 1112 m
Aufstieg:	Von Innerfragant über den Fraganterbach in einigen Kehren aufwärts, dem markierten Weg folgend durch Wald und zuletzt flach zur Fraganter-Hütte, 1777 m. (660 Hm/2 Stunden). In NW-Richtung einen flachen Weg folgend zur Striedenalm, 2084 m, und am rechtem Berghang des Bretterich über gestuftes Gelände zuletzt steil in eine Scharte, 2468 m (Hinweistafel). In westlicher Richtung über den Gipfelhang soweit wie möglich mit den Schiern, dann Schidepot und zu Fuß zum Gipfel. (860 Hm/2–3 Stunden)
Abfahrt:	wie Aufstieg
Stützpunkte:	Fraganter-Hütte, 1777 m (20. Dezember bis 1. Mai bew.)
beste Zeit:	Februar bis April
Schwierigkeit:	mittel
Karte:	AV-Karte 1:25.000, Blatt 42, Schirouten ÖK 1:50.000, Blatt 180

Die Fraganter-Hütte ist ein ganz zentraler Ausgangspunkt für viele schöne Schirouten. Darum empfiehlt es sich, auch in der bestens ausgebauten Hütte Quartier zu beziehen und von hier dann die Touren zu unternehmen. Ein Gepäcktransport bis zur Hütte ist mit einer Materialseilbahn möglich.
Die Maggernigspitze ist ein wohl geformter Berg mit südostseitigem Schigelände, wobei ein rassiger Gipfelhang den Anfang einer weitläufigen Abfahrt über gestuftes Gelände darstellt.

Tour 57: Stellkopf, 2852 m

Talort:	Innerfragant, 1112 m
Aufstieg:	Wie bei Tour 56 zur Fraganter-Hütte, 1777 m. Von der Hütte nach Norden, einen Kamm rechts querend zur Eggeralm, 1887 m. In NW-Richtung gerade aus an der Koflerhütte vorbei und knapp vor einem Kreuz, 2267 m, nach rechts ansteigend über gestuftes Gelände, zuletzt durch eine kurze Rinne in eine Scharte, 2494 m. Nun steigt man einige Meter ab, in einem großen Bogen Richtung NW ausholend über hügeliges Gelände, zuerst flach, dann über schöne Hänge zum Butzentörl, 2714 m. Nach Norden zum Gipfel. (Von der Hütte 1100 Hm/3–4 Stunden)
Abfahrt:	wie Aufstieg
Stützpunkte:	Fraganter-Hütte, 1777 m (20. Dezember bis 1. Mai bew.)
beste Zeit:	Februar bis April
Schwierigkeit:	mittel, Vorsicht bei Lawinengefahr im Aufstieg zur Eggeralm!
Karte:	AV-Karte 1:25.000, Blatt 42, Schirouten ÖK 1:50.000, Blatt 180

Der Stellkopf ist eine der längsten Routen im Gebiet der Fraganter-Hütte. Seine Abfahrt ist sehr abwechslungsreich und über 1000 Höhenmeter lang. Schöne, steile Hänge wechseln mit kupiertem Gelände und flachen Almböden.
Eine weitere Möglichkeit wäre auch der Aufstieg zum Krahkopf, 2844 m (ÖK Krackköpfe, 2847 m), der sich in nächster Nähe zum Stellkopf befindet. In 2600 m Höhe zweigt man vor dem Butzentörl in Richtung Norden ab und steigt direkt bis zum Gipfel des Krahkopfes.

Tour 58: Sadnig, 2745 m

Talort:	Innerfragant, 1112 m
Aufstieg:	Wie Tour 56 zur Fraganter-Hütte, 1777 m. In westlicher Richtung in den Talboden, weiter zu einer Almhütte, danach rechts aufwärts über einen Rücken mit schütterem Baumbestand. Nach einer Mulde Querung der Sadnig-Bachgabelung und über eine Steilstufe gelangt man auf die Melenböden, 2000 m. Im Talboden in westlicher Richtung (Markierungsstangen) in die Sadnig-Scharte, 2484 m, Schidepot. In südlicher Richtung über einen Blockgrat zum Gipfel. (950 Hm/3 Stunden)
Abfahrt:	Wie Aufstieg oder die Schi bis zum Gipfel tragen, dann kurz nach Süden abfahren, sich aber zur Scharte, 2594 m, haltend und kurzer Aufstieg am Kamm zum Kleinen Sadnig, 2626 m. Von hier nun Abfahrt über den ostseitigen steilen Gipfelhang. Im Talboden, knapp rechts des Felssporns des Kleinen Sadnigs vorbei, sich linkshaltend zu seinem schönen Nordhang, der in die Melenböden leitet. Dann wie beim Aufstieg zur Hütte.
Stützpunkte:	Fraganter-Hütte, 1777 m (20. Dezember bis 1. Mai bew.)
beste Zeit:	Februar bis April
Schwierigkeit:	mittel, aber alpin, besonders die Abfahrt vom Kleinen Sadnig (nur bei Firn)! Lawinengefahr beachten!
Karte:	AV-Karte, 1:25.000, Blatt 42, Schirouten ÖK 1:50.000, Blatt 180

Eine alpine Schiroute führt uns da auf den Gipfel des Sadnigs. Vor allem die Abfahrtsroute über den Kleinen Sadnig ist ein sehr alpines Unternehmen und nur bei sicheren Verhältnissen und gutem Firn durchzuführen, dann aber ein ganz spezielles Erlebnis.
Als »Gipfel zum Mitnehmen« wäre der Mulleter Sadnig noch zu nennen,

der von der Sadnigscharte Richtung Norden in einem kurzen Anstieg zu besteigen ist. Wenn man sich auf den Melenböden nach NW in Richtung Zoppspitze hält, dann nach NO umbiegt und wieder nach NW einschlägt, gelangt man so auf den Striedenkopf. Abgefahren wird entlang des Aufstieges, Vorsicht aber bei Nebel und Schneebrettgefahr.
Wer hingegen nur eine kurze Genußschitour unternehmen will, dem sei die Ofenspitze, 2398 m, empfohlen. Rund 600 Höhenmeter Aufstieg und Abfahrt sind dabei zu bewältigen.

Tour 59: Zaneberg, 2198 m

Talort:	Stall im Mölltal, 870 m
Aufstieg:	Von Stall mit dem Auto Richtung NO zu Sagas (Materialseilbahn auf die Goldberghütte), 1256 m. Über Wiesen oder eine Forststraße steigt man bis zu einem Kreuz auf, dann nach links über einen Rücken durch Wald einem Weg folgend zur Goldberghütte, 1769 m. Durch lichten Wald erreicht man in NW-Richtung die freien Flächen der Sagaser Wiesen. Über freie Hänge zum Gipfel. (950 Hm/3 Stunden)
Abfahrt:	wie Aufstieg
Stützpunkte:	keine
beste Zeit:	Jänner bis April
Schwierigkeit:	leicht
Karte:	ÖK 1:50.000, Blatt 180

Die Zaneberg-Schiroute ist eine gemütliche Tour, die den ganzen Winter hindurch möglich ist. Man kann auch zur Fraganter-Hütte abfahren. Vom Gipfel über freie Hänge und lichten Wald steil nach Nordwesten, wo man dann bei einer Höhe von ca. 1600 m auf eine Forststraße trifft, die so über eine Brücke zur Fraganter-Hütte leitet.

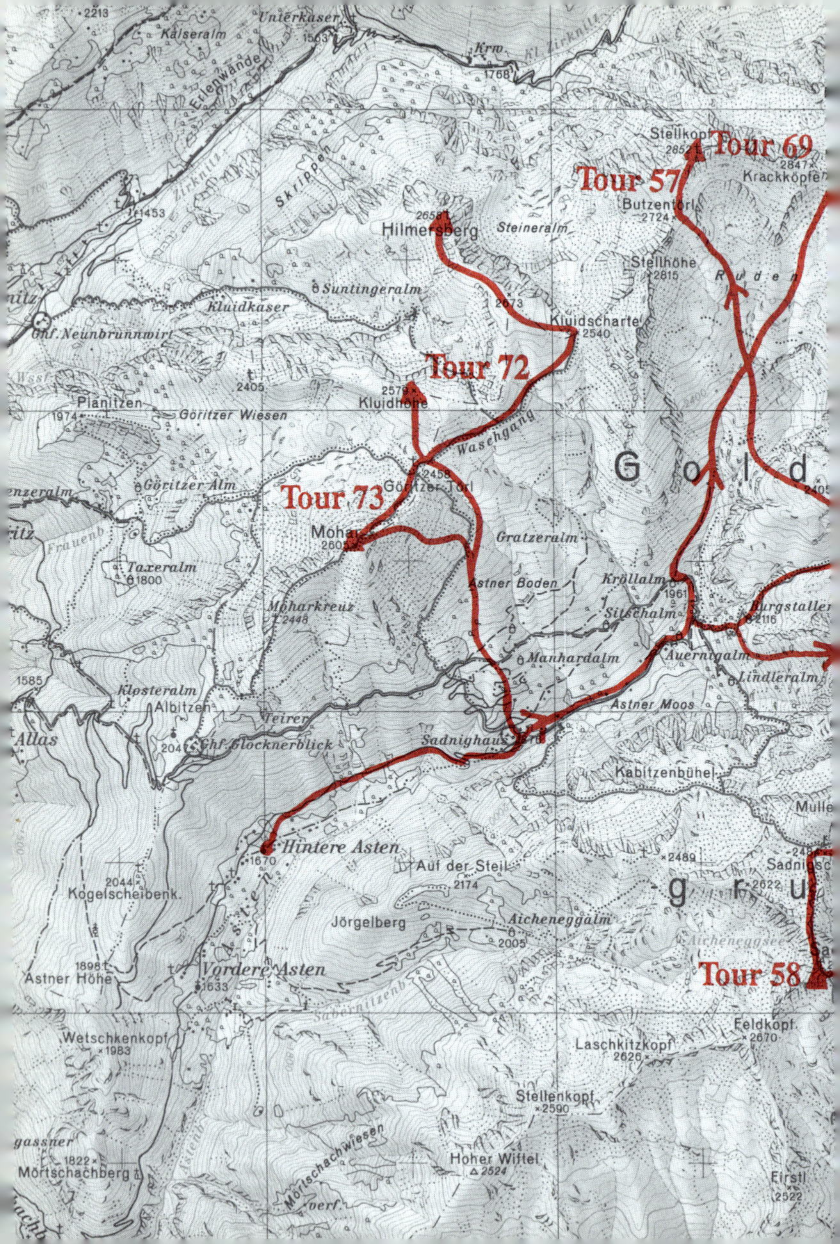

Tour 69
Tour 57
Tour 72
Tour 73
Tour 58
Stellkopf
2852
Krackköpfe
2847
Butzentörl
2724
Stellhöhe
2815
Hilmersberg
2658
Steineralm
Kluidscharte
2540
2673
Kluidhöhe
2576
Wasehgang
Göritzer Törl
2458
Moharkreuz
2446
Gratzeralm
Astner Boden
Kröllalm
1961
Sitschalm
Burgstaller
2116
Auernigalm
Lindleralm
Manhardalm
Astner Moos
Sadnighaus
Kabitzenbühel
Hintere Asten
1670
Auf der Steil
2174
Jörgelberg
Aicheneggalm
2005
Aicheneggsee
Vordere Asten
1633
Astner Höhe
1898
Kogelscheibenk.
2044
Wetschkenkopf
1983
Mörtschachberg
1822
Mörtschachwiesen
Hoher Wiftel
2524
Stellenkopf
2590
Laschkitzkopf
2626
Feldkopf
2670
Firstl
2522
2489
2622
Planitzen
1974
Göritzer Wiesen
Göritzer Alm
Taxeralm
1800
Klosteralm
Albitzen
Ghf. Glocknerblick
Allas
Suntingeralm
Kluidkaser
Ghf. Neunbrunnwirt
Skrippen
Erlenwände
Kälseralm
Unterkaser
1563
1768
1453
2213
2405
1585
Gold
gru

Tour 55
Tour 68
Tour 71
Tour 70
Tour 56
Tour 59
Sandfeldkopf
Saukopf
Saustellscharte
2560
2617
Gobretspitz
2640
Astromkar
Schmarötznightl.
Stoißspitz
2470
Astromwand
Kleinfragant
Kometerhtt.
1968
Patschghtt.
Zeshütte (Jhtt.)
1813
Zeswald
Pflumpfen
Neuwald
Krw. Innerfragant
Jörgerhtt.
Pichlerhtt.
Haselstein
Hot. Baumeister
1188
Melenwände
Melenwandkopf
2570
2651
Trögerwald
Rubitschbichl
1681
2528
Garnitzenscharte
2345
Eck
2372
Rud
Innerfragant
(1074)
Schober
Schobertörl
Koflerhütte
Angelewald
Auriwand
2312
Breiterach
Eggerhtt.
Schachwald
Striedenalm
Schmaigerhtt.
1557
Kreuzbödele
1893
2398
Ofenspitz
Donishtt.
Fraganter-Htt.
Fraganter Jugendherberge
2529
Großfragant
Zaneberg
2198
Lienzer Htt.
Grafenberger Wald
2037
Im Winkel
Sagaser Wiesen
2355
Sadnig
2440
Klenitzen
Goldberghtt.
1769
Törleck
2559
Schwarzseekopf
2633
2656
Kreuzeckkopf
2252
Hochgrubenk.
2664
Auerzen
Klausenkopf
1400
Zohrerhtt.
1999
Ochsenkopf
2536
Klenitzenkopf
1802
Sagas
1256

Tour 60: Hochgrubenkopf, 2664 m

Talort:	Stall im Mölltal, 870 m
Aufstieg:	Mit dem Auto bis zu den Gehöften Zraunig, 1506 m, am Sonnberg. Man folgt dann einer Forststraße nach NW, am Punkt 1672 m vorbei und in Kehren aufwärts zu Almhütten. Durch lichten Wald gelangt man bald Richtung Westen ins freie Gelände. Nun hält man sich in der breiten Mulde zwischen Stanitzkopf und Ochsenkopf, passiert einige Almwirtschaften (Wegweiser) und steigt zur Oberen Klenitzenalm, 2200 m, auf. In NW-Richtung geht es zuerst flacher, dann steiler ansteigend zum Gipfel. (1150 Hm/3–3½ Stunden)
Abfahrt:	wie Aufstieg
Stützpunkte:	keine
beste Zeit:	März bis April
Schwierigkeit:	mittel
Karte:	ÖK 1:50.000, Blatt 180

Der Hochgrubenkopf ist eine »Klasse-Schitour« in nächster Nähe des Sadnigs, wobei auch der Übergang zu diesem und die Abfahrt zur Fraganter-Hütte möglich ist. Voraussetzung sind sichere Bedingungen, gute Sicht und alpine Erfahrung. Vom Hochgrubenkopf gelangt man am Nordwestgrat zum Kleinen Sadnig und fährt dann, wie in Tour 58 beschrieben, zur Fraganter-Hütte ab. Ein hochalpines Schiunternehmen.

Tour 61: Leitenkopf, 2597 m

Talort:	Tresdorf im Mölltal, 936 m
Aufstieg:	Mit dem Auto bis zu den Gehöften Zladisch, 1218 m.

	Nach Norden über eine Wiese aufwärts zu einer Forststraße, der man bis zur Moarhütte, 1513 m, folgt. In nördlicher Richtung zu einem Kreuz am Rosenberg, 1780 m. Aufwärts zu mehreren Almwirtschaften und wieder an einem Kreuz vorbei in NW-Richtung, jetzt steiler werdend über freie Hänge zum Gipfel. (1400 Hm/ 3–4 Stunden)
Abfahrt:	wie Aufstieg
Stützpunkte:	keine
beste Zeit:	Februar bis April
Schwierigkeit:	mittel bis schwer
Karte:	ÖK 1:50.000, Blatt 180

Der Leitenkopf mit seinen prächtigen Südosthängen liegt im südwestlichen Ausläufer der Goldberggruppe. Auch die Hochnase und der Zellingkopf können von dieser Seite aus mit Schiern bestiegen werden. Von all diesen Gipfeln hat man einen prachtvollen Ausblick sowohl in die Goldberggruppe, als auch in die Schobergruppe, die nur das Mölltal voneinander trennt.

Tour 62: Kesselkogel, 2533 m

Talort:	Lainach im Mölltal, 881 m
Aufstieg:	Von der Kirche in Lainach einem markierten Weg nach links folgend zu einer Forststraße empor bis auf eine Höhe von 1100 m. Man folgt der Forststraße geradeaus in das Zleinitztal und entlang des Weges über den Feuerboden (Jagdhütte), 1574 m, bis auf 1600 m (Steg über den Marbach). Nun rechts des Baches, den man bei ca. 1700 m überquert, und steil im Wald durch eine Rinne empor, bald freies Gelände erreichend zur Ochsnerhütte, 2053 m. Über kupiertes Gelände zum Gipfelhang

	und über diesen zum Kamm empor in einen Sattel. Zu Fuß ein kurzes Stück zum Gipfel. (1650 Hm/4–5 Stunden)
Abfahrt:	wie Aufstieg
Stützpunkte:	keine
beste Zeit:	März bis April
Schwierigkeit:	schwer
Karte:	ÖK 1:50.000, Blatt 180

Der Kesselkogel ist eine typische Frühjahrstour im westlichen Teil der Kreuzeckgruppe und nur erfahrenen Schibergsteigern vorbehalten. Der Anstieg erweist sich als sehr lang und die Orientierung ist nicht ganz einfach. Das enge Zleinitztal liegt noch in aller Einsamkeit und wird von Schitouristen fast gar nicht besucht, obwohl es einem ein lohnendes Tourengelände oberhalb der Waldgrenze eröffnet. Nach langem und oft sehr mühsamen Aufstieg werden wir aber mit einer herrlichen Rundumsicht belohnt. Die Abfahrt führt über Nordwesthänge, auf denen bis spät ins Jahr hinein noch gute Schneeverhältnisse vorherrschen.

Tour 63: Ebeneck, 2283 m Zellinkopf, 2449 m

Talort:	Rangersdorf/Witschdorf im Mölltal, 866 m
Aufstieg:	Nach Rangersdorf Abzweigung nach Witschdorf und Pfeil zum Marterle. Mit dem Auto bis zum Wiesenbauer, 1442 m, in schneearmen Wintern auch bis zum Marterle. Vom Wiesenbauer auf einer Forststraße zum Marterle, 1836 m (Kirche und Gasthof). Nach Norden über freie Almwiesen zu einem Kreuz. Nun steigt man nach NW auf den Verbindungsgrat zwischen Ebeneck und Zellinkopf sehr steil auf. Man betritt den Grat dort, wo der Grat zum Zellinkopf steil anzusteigen beginnt.

Tour 62
Lainach
(881)
Brenntratten
835
Gradental
Zlatental
Zlapp
Ronetratten
Zechnerkaser
1506
Kohlplatz
Bichlwald
1188
Lahmhütte
1415
Fritzental
Hochschwandlucke
1579
Riegel
1928
Maßböden
Marnkasern
1467
2010
Lorenzalm
Ebeneck
2266
Feuerboden
1574
Planeck
1999
Lorenzenkopf
2541
Lobersberger
Ochsnerhtt.
2097
Gippertörl
2329
Mandlhöhe
Urchbichl
2269
Sandfeld
Mittlingbichl
2106
2185
2193
Zleinitztörl
2188
Ochsnerhtt.
2053
Michelsberger Törl
Kre
2423
Kesselkogel
2533
2383
Kohlbrunnkopf
Sandfeldkopf
Kegelstattkogele
2389
2483
Zietenkopf
Turneck
2419
Wildseetörl
2268
2318
Damertörl
Mauereck
2220
Luellfeld
2441
Damerkopf
Breitbichl
2094
2330
Mooswald
Schmaßkofel
Höferalm
Abingerkammern
1789
Ploner Berg
1443
Zornhütte
1557
Funderhtt.
Haßlerhtt.
1851
Ronachhütte

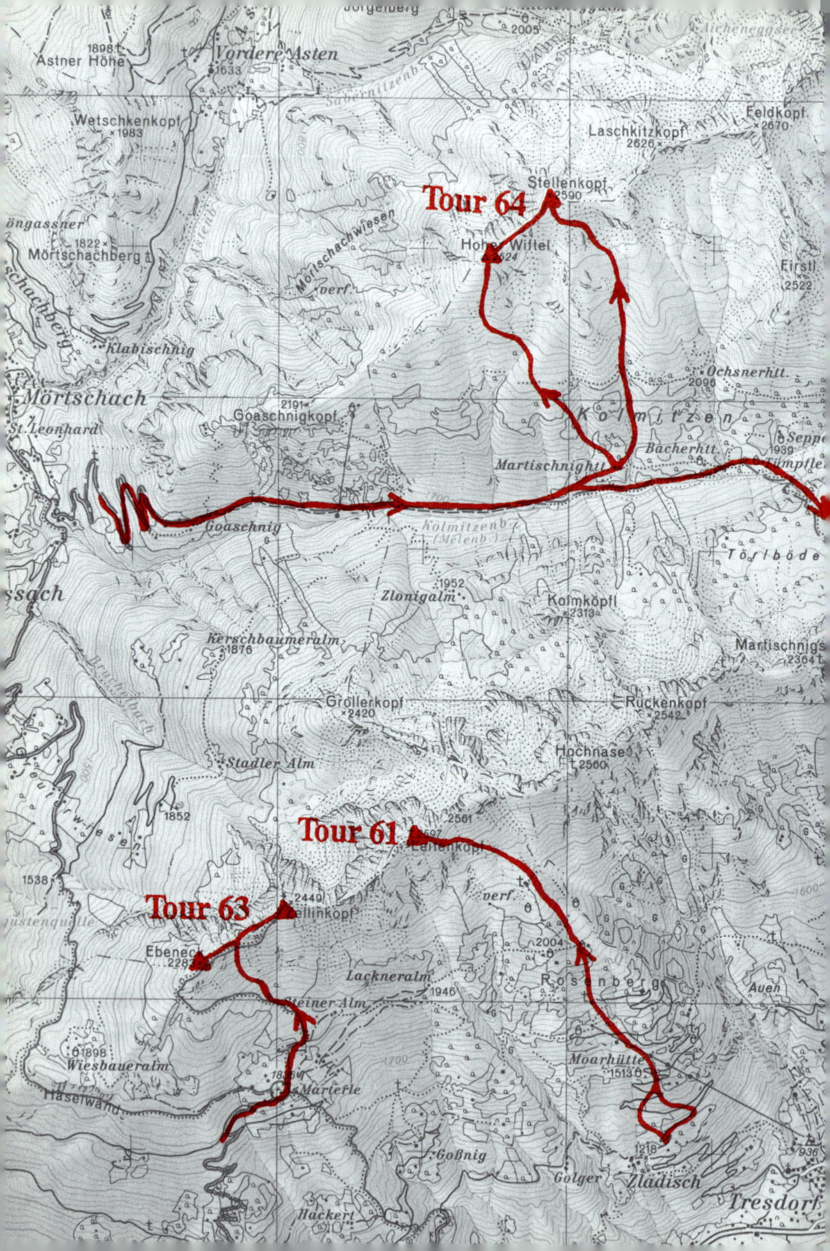

Tour 64
Tour 61
Tour 63
Vordere Asten
Astner Höhe
Wetschkenkopf
Mörtschachberg
Mörtschach
St. Leonhard
Klabischnig
Goaschnigkopf
Goaschnig
Mörtschachwiesen
Hohe Wiftel
Stellenkopf
Laschkitzkopf
Feldkopf
Firstl
Ochsnerhtt.
Kolmitzen
Bacherhtt.
Martischnightt.
Kolmitzenb.
Törlböde
Zlonigalm
Kolmköpfl
Kerschbaumeralm
Martischnigs
Grollerkopf
Ruckenkopf
Hochnase
Stadler Alm
Ebeneck
Lackneralm
Steiner Alm
Rosenberg
Moarhütte
Wiesbaueralm
Marterle
Haselwand
Goßnig
Golger
Zladisch
Tresdorf
Hackert
Auen

Tour 60
Tour 65
Hochgrubenk
Kreuzeckkopf
Schwarzseekopf
Törleck
Klenitzen
Im Winkel
Zaneberg
Lienzer Htt.
Goldberghtt.
Sagaser Wiesen
Ochsenkopf
Klenitzenkopf
Klenitzentörl
Melenkopf
Tröger Törl
Törlkopf
Stanitzkopf
Zohrerhtt.
Sagaser Alm
Klenitzenalm
Stussen
Oberzauernalm
Obernightt.
Stieflberger Hütten
Zraunig
Schick
Lärcherhtt.
Thorer
Kaponig
Stieflberg
Gußnigberg
Berg ob. Stall
Stall
Pußtratten
Sportpl.
Latzendorf
Wildegg
Zohrer
Hubertuskpl.
Steinwand
Fercher
Pucher
Sagas
Klausenk
Birkach
Thomas-bauer
Wölla
Fürstkop
Fürstalm
Kasertal
Im Greut
M ö l l t a l

	Nach links zum Ebeneck und nach rechts zum Zellinkopf. (850–1000 Hm/3–3½ Stunden)
Abfahrt:	Wie Aufstieg oder vom Zellinkopf über seine felsdurchsetzte Südflanke. Vorsicht vor einem Abbruch, den man links umfährt.
Stützpunkte:	keine
beste Zeit:	März bis April
Schwierigkeit:	mittel, aber nur bei sicheren Verhältnissen. Durchwegs steile, von Lawinen bedrohte Hänge, besonders am Zellinkopf. Vorsicht auch vor Wächtenbildung am Grat!
Karte:	ÖK 1:50.000, Blatt 180

Der Zellinkopf und das Ebeneck sind zwei typische Frühjahrsschiberge, die mit sehr steilen Abfahrten im alpinen Gelände aufwarten.
Wenn man auf dem Gipfel steht, breitet sich die Kreuzeckgruppe vor einem aus und zeigt viele ihrer felsigen Gipfel, auf die nur wenige und eher extreme Schirouten führen. Wenn die Verhältnisse aber passen, liefern das Ebeneck und der Zellinkopf ein steiles Firnvergnügen mit prächtigen Ausblicken.

Tour 64: Stellenkopf, 2590 m
Hoher Wiftel, 2524 m

Talort:	Mörtschach, 972 m
Aufstieg:	a) Von der Kirche St. Leonhard, 972 m, noch mit dem Auto auf einer Forststraße bis zu den Gehöften Goaschnig, 1450 m. An einem Kreuz vorbei entlang des Kolmnitzbaches und hinauf zur Martischnighütte. Über Almen und kurz durch Wald nach Norden auf die freien Flächen des Stellkopfes. Über den Südrükken aufwärts, dann immer steiler werdend zum Gip-

fel des Stellkopfes, oder auf den Grat und über diesen nach links zum Hohen Wiftel. (1050–1150 Hm/3½ Stunden)

b) Von der Martischnighütte durch ein kurzes Waldstück und über Lichtungen nach NW auf die freien Flächen des Hohen Wiftels. Über diese auf den SW-Kamm des Hohen Wiftels und nach NO zum Gipfel des Hohen Wiftels und des Stellenkopfes.

Abfahrt: wie Aufstieg

Stützpunkte: keine

beste Zeit: März bis April

Schwierigkeit: schwer, Vorsicht bei Neuschnee!

Karte: ÖK 1:50.000, Blatt 180

Der Hohe Wiftel und der Stellenkopf sind zwei Prachtschiberge in der Goldberggruppe mit langen Anstiegen.
Es ist auch möglich, über die Tümpflerhütte und das dann anschließende Hinterfeldkar zum Sadnig aufzusteigen. Ein ebenfalls äußerst lohnender Anstieg mit prächtiger, teils steiler Abfahrt.

Tour 65: Hoferkopf, 2206 m

Talort: Mörtschach, 972 m

Aufstieg: Von der Kirche St. Leonhard in Mörtschach wie bei Tour 64 zu den Goaschnig-Gehöften, dann nach Osten auf einem Weg zur Tümpflerhütte, 1880 m. Nun wendet man sich nach SO, rechts eines Grabens, und gelangt so zum Tor, 2152 m, und kurz danach zu einem Kreuz. Vom Tor gerade aus nach Süden zum Gipfel. (750 Hm/2½–3 Stunden)

Abfahrt: wie Aufstieg

Stützpunkte: keine

beste Zeit: Februar bis April

Schwierigkeit: schwer, Vorsicht bei Neuschnee!

Karte: ÖK 1:50.000, Blatt 180

Der Hoferkopf stellt schon den Ausläufer der Goldberggruppe nach Süden dar. Der Aufstieg ist nicht schwierig, aber doch lang.
Wenn man vom Tor, 2152 m, Richtung Südwesten aufsteigt, gelangt man auf den Gipfel des Martischnigspitzes, der wie der Hoferkopf oder Melenkopf auch vom Mölltal her über die Gußnigberger Alm bestiegen werden kann; Aufstiegszeit ca. 3 Stunden.

Tour 66: Ederplan, 2062 m

Talort: Iselsberg/Stronach, 1106 m

Aufstieg: Vom Iselsberg Richtung Lienz bis hin zur 2. Kehre, dann Abzweigung links nach Stronach. Von Stronach entlang einer Forststraße nach Osten zu einem Bildbaum und einer Jagdhütte. Kurz nach der Jagdhütte nach rechts in Kehren durch Wald zur Ederalm, 1641 m (Wegweiser). Nach Osten gelangt man zu einer weiteren Lichtung (Wegweiser). Nun steigt man über einen Waldrücken auf, der dann zum freien Rücken des Ederplans leitet. Über diesen nach SO zum Gipfel. (950 Hm/3 Stunden)

Abfahrt: wie Aufstieg

Stützpunkte: keine

beste Zeit: Dezember bis April

Schwierigkeit: leicht

Karte: ÖK 1:50.000, Blatt 180

Tour 67
Tour 66
Straßkopf
Winkler Viehalm
Leckthatten
Kaufmann
Auernig
Winkler Alm
St. Benedikt
Pirker
Egger
Geiersbichl
Dabernig
Mar
Winklern
Namlach
Langang
Reintal
Burgstall
Bucher
Hackler
Möll
Kofel
Lederer
Trattner
Stadl
Plößnig
Kaltenbrunnerwald
Am Stein
Stein
Steiner Wand
Gruben-
bauer
Schneider
Lackner
Defreggerhof
Iselsberg
Hotel Wacht
Kieferhof
Schöne Aussicht
Stronachkg.
Stronachalm
Groje
Stronacher Wiesen
Kerschbaumeralm
Zwischenbergen
Zwischenberger Sttl.
Reintaler Rone
Wiesflecker
Stronach
Ederalm
Ederplan
Hatzalm
Zellental
Hatztal
Eggenberg
Oberegger
Moar
Deutsch
Frühaufgr.
Moosalm
Dölsach
Tscharniedling
Görtschacher Berg

Die Tour zum Ederplan bietet einen angenehmen Aufstieg mit netter Abfahrt und ist den ganzen Winter über durchführbar.
Als landschaftlich sehr lohnend, mit dem Charakter einer Höhenwanderung, erweist sich der Übergang am Nordwestkamm zum Damerkopf, 2441 m. Voraussetzung ist ein sicheres Wetter und sichere Schneeverhältnisse, denn vom Damerkopf wird dann über die Höferalm nach Zwickenberg abgefahren (Orientierung nach der Stromleitung). Eine hochalpine Überschreitung, die auch über teils felsiges und ausgesetztes Gratgelände führt und nur erfahrenen Schibergsteigern vorbehalten bleiben soll.
Eine weitere Möglichkeit einer Hochwintertour bestünde in der Besteigung des Stronachkogels, 1831 m, der sich gegenüber dem Ederplan erhebt. Der Aufstieg führt größtenteils durch Waldgelände und Lichtungen. Der Ausgangspunkt ist ebenfalls Stronach. Man steigt wie zum Ederplan auf und geht weiter bis zum Zwischenbergersattel, 1474 m. Nun wendet man sich auf einer Forststraße nach links zur Stronachalm. Nach Norden über Lichtungen zum Gipfel, 1831 m. (700 Hm/2½ Stunden)

Tour 67: Straßkopf, 2401 m

Talort: Winklern, 966 m / Iselsberg, 1117 m

Aufstieg:

a) Vom Iselsberg mit dem Auto zum Gasthof »Schöne Aussicht« (Pfeil), 1299 m, oder wenn möglich noch weiter. Entlang einer Forststraße nach Norden über die Luggeralm zur Straganzalm, 1754 m, und über den Bergkamm des Geiersbichls zur Winkler Alm, 1907 m. Nach Norden auf einen zuerst ausgeprägteren, dann sich etwas verlierenden Rücken zum Gipfel. (1100 Hm/3–3½ Stunden)

b) Es ist auch möglich, von Winklern aufzusteigen. Mit dem Auto so weit wie möglich hochfahren, bis zu den letzten Gehöften um die St. Benedikt-Kirche. Nun folgt man einer Forststraße in mehreren Kehren zur Winkler Alm, 1907 m, dann wie a).

Abfahrt:	Wie Aufstieg a), oder vom Gipfel über den SO-Hang bis zum Waldbeginn, dann zur Aufstiegsspur zurück, oder wie Aufstieg b).
Stützpunkte:	keine
beste Zeit:	Jänner bis März
Schwierigkeit:	mittel
Karte:	ÖK 1:50.000, Blatt 180 AV-Karte 1:25.000, Blatt 41

Der Straßkopf liegt bereits in der Schobergruppe und bietet eine Schiroute mit Ganzjahrescharakter. 1100 Höhenmeter im Aufstieg werden sehr angenehm über den Bergkamm des Geiersbichls zurückgelegt. Am Gipfel großartige Ausblicke auf die Berge der Schobergruppe.
Das Kernstück der Abfahrt bildet ein freier Südhang mit über 500 Höhenmeter Länge, wobei man über die Winkler Alm nach Winklern direkt abfahren kann.
Sehr lohnend ist auch eine Besteigung des Kugelkopfes, 2361 m, die man mit dem Straßkopf-Anstieg verbinden kann.

Tour 68: Rote Wand, 2855 m

Talort:	Mörtschach, 970 m
Aufstieg:	Mit dem Auto nach Hintere Asten, 1670 m. Auf einer Straße ca. 2 km zum Sadnighaus, 1850 m. Von der Hütte steigt man in Richtung NO entlang eines Ziehweges zur Kröllalm auf (es ist auch möglich, im Talgrund zu dieser aufzusteigen), dann nach Norden hinauf zu den Rudenalmen, 2500 m. In nördlicher Richtung zuerst flacher, dann sehr steil aufwärts zur Rudenscharte, 2781 m. Nach rechts über kurzes felsiges Gelände zum Gipfel. (1000 Hm/3–3½ Stunden von der Hütte)
Abfahrt:	wie Aufstieg

Stützpunkte: Sadnighaus, 1850 m (Weihnachten bis 6. Jänner, Ende Februar bis Ostern und ab Pfingsten bew.)

beste Zeit: März bis April

Schwierigkeit: mittel bis schwer, Vorsicht beim Hang zur Scharte, bei Neuschnee Lawinengefahr!

Karte: AV-Karte 1:25.000, Blatt 42, Schirouten
ÖK 1:50.000, Blatt 180

Das modern geführte Sadnighaus ist wie die Fraganter-Hütte ein zentraler Ausgangspunkt für einige prachtvolle Schiunternehmungen.
Die Rote Wand kann aber auch von der Fraganter-Hütte erstiegen werden. Wer den steilen Aufstieg in die Rudenscharte scheut, der kann auch zum Stellkopf oder Krahkopf aufsteigen, wobei die Rote Wand schon das höchste und rassigste Schiziel der Sadniggruppe ist.
Über die Burgstaller Alm und das Schobertörl, 2355 m, kann auch der Übergang zur Fraganter-Hütte unternommen werden. 500 Höhenmeter im Aufstieg sind dabei zu bewältigen.

Tour 69: Stellkopf, 2852 m

Talort: Mörtschach, 970 m

Aufstieg: Wie bei Tour 68 zu den Rudenalmen, 2500 m. Dann Richtung NW zum Butzentörl, 2714 m, und nach Norden zum Gipfel. (1000 Hm/3–3½ Stunden)

Abfahrt: wie Aufstieg

Stützpunkte: Sadnighaus, 1850 m (Weihnachten bis 6. Jänner, Ende Februar bis Ostern und ab Pfingsten bew.)

beste Zeit: Februar bis April

Schwierigkeit: mittel

Karte: AV-Karte 1:25.000, Blatt 42, Schirouten
ÖK 1:50.000, Blatt 180

Wir haben den Stellkopf schon bei der Tour von der Fraganter-Hütte aus kennengelernt. Aber auch vom Sadnighaus stellt er ein lohnendes Schiunternehmen mit einer prachtvollen Abfahrt dar.
Auch bei dieser Anstiegsroute kann man von den Rudenalmen zum Krahkopf aufsteigen.

Tour 70: Maggernigspitze, 2644 m (ÖK Makernigspitz, 2640 m)

Talort: Mörtschach, 970 m

Aufstieg: Wie bei Tour 68 zur Sadnighütte, 1850 m. Nun im Talboden (Astner Moos) Richtung NO zur Auernigalm, 1857 m, und steiler ansteigend hinauf zur Burgstalleralm, 2113 m. Von der Alm quert man in Richtung SO unter dem Punkt 2245 m und gelangt dann in eine Senke. Durch diese Richtung Osten, steil ansteigend zum Gipfel. (800 Hm/2–2½ Stunden)

Abfahrt: wie Aufstieg

Stützpunkte: Sadnighaus, 1850 m

beste Zeit: März bis April

Schwierigkeit: mittel, nur bei sicheren Bedingungen. Lawinengefahr bei Querung!

Karte: AV-Karte 1:25.000, Blatt 42, Schirouten
ÖK 1:50.000, Blatt 180

Tour 71: Rotwandeck, 2715 m

Talort: Mörtschach, 970 m

Aufstieg: Wie bei Tour 70 zur Burgstalleralm, 2113 m. Von dieser gelangt man in östlicher Richtung zum Schobertörl, 2355 m (Wegweiser). Nun gerade nach Norden, zuerst flach, dann steiler werdend bis zum Gipfel. (900 Hm/3 Stunden)

Abfahrt: wie Aufstieg

Stützpunkte: Sadnighaus, 1850 m

beste Zeit: März bis April

Schwierigkeit: mittel

Karte: AV-Karte 1:25.000, Blatt 42, Schirouten
ÖK 1:50.000, Blatt 180

Tour 72: Kluidhöhe, 2579 m Hilmersberg, 2658 m

Talort: Mörtschach, 970 m

Aufstieg: Wie bei Tour 68 zur Sadnighütte, 1850 m. Von der Hütte in nördlicher Richtung zur Marxalm, 2028 m, und weiter auf die Astner Böden. Geradeaus aufwärts nach Norden über welliges Gelände zum Punkt 2561 m. Nach links zum Gipfel. (900 Hm/2½–3 Stunden). Von Punkt 2561 m nach Norden über die Kluidböden zum Hilmersberg (1000 Hm/3–3½ Stunden)

Abfahrt: wie Aufstieg

Stützpunkte: Sadnighaus, 1850 m (Weihnachten bis 6. Jänner, Ende Februar bis Ostern und ab Pfingsten bew.)

beste Zeit: Feburar bis April

Schwierigkeit: leicht bis mittel, Vorsicht bei Nebel!

Karte: AV-Karte 1:25.000, Blatt 42, Schirouten
ÖK 1:50.000, Blatt 180

Die Kluidhöhe ist eine der kürzeren Touren in der Sadniggruppe und auch von Döllach über die Göritzeralm zu erreichen, dann aber um gute 600 Höhenmeter länger. Eine andere Tour von ca. 1000 Höhenmetern ist jene auf den Mocher, 2604 m (ÖK Mohar, 2605 m), den man in einer NW-Schleife von der Sadnighütte erreicht.
Da man sich aber bei all diesen Touren im hochalpinen Gelände befindet, ist bei Schlechtwetter, Neuschnee und Nebel Vorsicht geboten.

Tour 73: Mocher, 2604 m (ÖK Mohar, 2605 m)

Talort: Mörtschach, 970 m

Aufstieg: Wie bei Tour 68 zur Sadnighütte, 1850 m. Von der Hütte (Wegweiser) steigt man in nördlicher Richtung über den Punkt 2132 m auf und wendet sich bei einer Höhe von 2200 m nach NW und gelangt so über die Südosthänge zum Gipfel. (930 Hm/3–3½ Stunden)

Abfahrt: wie Aufstieg

Stützpunkte: Sadnighaus, 1850 m (Weihnachten bis 6. Jänner, Ende Februar bis Ostern, und ab Pfingsten bew.)

beste Zeit: Februar bis April

Schwierigkeit: leicht

Karte: AV-Karte 1:25:000, Blatt 42, Schirouten
ÖK 1:50.000, Blatt 180

Der Mocher bietet noch einige andere Möglichkeiten des Aufstieges, als nur den vom Sadnighaus. Auch von Döllach/Mitteldorf kann über die Göritzer Alm und das Göritzer Törl der Mocher erreicht werden.
Ein anderer lohnender Aufstieg führt von Döllach/Sagritz über die Anderle Alm oder über die Glocknerblick-Hütte und den darauffolgenden Südwest-Rücken zu dem Gipfel etwas vorgelagerten Mocherkreuz, das dann noch 150 Höhenmeter vom höchsten Punkt entfernt ist, empor.

Alle Anstiege sind beliebt und lohnend, wobei auch alle Abfahrten vom Mocher genußreich über freie Hänge leiten.

Tour 74: Alteck, 2942 m

Talort:	Döllach, 1013 m
Aufstieg:	Mit dem Auto im Zirknitztal bis zur Unterkaser-Alm, 1594 m. Nun wendet man sich nach rechts ins Kleine Zirknitztal und entlang einer Forststraße, diese in den Kehren abschneidend zum Großsee hinauf. Am linken Ufer entlang Richtung NO über das Kleine Zirknitz-Kees zur Kleinen Zirknitz-Scharte, 2728 m. Die Richtung beibehaltend über einen Gletscher Abfahrt auf 2600 m und wieder ansteigend in die Niedere Scharte, 2695 m. Bei günstigen Bedingungen mit den Schiern über den NO-Rücken bis zum Gipfel. (1450 Hm/4–5 Stunden)
Abfahrt:	wie Aufstieg
Stützpunkte:	keine
beste Zeit:	April bis Juni
Schwierigkeit:	schwer und hochalpin
Karte:	AV-Karte 1:25.000, Blatt 42, Schirouten ÖK 1:50.000, Blatt 154, 180

Der Fastdreitausender Alteck befindet sich in der Mitte zwischen Goldbergspitze und Schareck, das ja leider einer Verliftung zum Opfer gefallen ist.
Der Aufstieg führt durch das landschaftlich schöne Zirknitztal, in einer beachtlichen Länge an den Zirknitzspitzen und an der Rojacher Spitze vorbei zum Alteck. Bei Abfahrt wieder Anstieg zur Zirknitz-Scharte mit etwa 100 Höhenmetern. Wer sich diesem Anstieg aber nicht stellen möchte, der gibt sich bereits mit der Zirknitz-Scharte als Schiziel zufrieden und kann sich dann voll der Abfahrt zum Großsee widmen.

Tour 75: Eckkopf, 2871 m

Talort:	Döllach, 1013 m
Aufstieg:	Mit dem Auto so weit wie möglich, je nach Schneelage in das Zirknitztal hinein, im Frühjahr bis zur Unterkaser-Alm, 1594 m. Nun ein kurzes Stück nach Norden auf einer Forststraße ins Groß-Zirknitztal (Kreuz, Wegweiser). Bei einer Lichtung zweigt dann nach rechts ein Fußweg ab, dem man bis auf ca. 1820 m folgt. Man wendet sich nach NO zu Almhütten und gelangt durch ein kurzes Waldstück auf die freien Flächen der Eckalmen. Über diese in NO-Richtung steiler werdend am Südrücken zum Gipfel. (1400 Hm/4–4½ Stunden)
Abfahrt:	wie Aufstieg, aber über die Südwesthänge
Stützpunkte:	keine
beste Zeit:	Februar bis April
Schwierigkeit:	mittel bis schwer
Karte:	AV-Karte 1:25.000, Blatt 42, Schirouten ÖK 1:50.000, Blatt 154, 180

Der Eckkopf ist ein Paradeschiberg und bildet gleichsam die Vorhut zu den Sonnblickbergen. Zur Eckkopf-Abfahrt, fast 1300 Höhenmeter, über freie Hänge bei Pulver oder Firn, wird man sicher wiederkommen.

Tour 76: Stänziwurdi, 2707 m (ÖK Stanziwurten, 2707 m)

Talort:	Döllach, 1013 m
Aufstieg:	Von Döllach mit dem Auto 2½ km auf einer Straße nach Norden. An der Abzweigung nach rechts bis zu einem Gehöft oberhalb einer Kapelle. Durch Wald folgt man

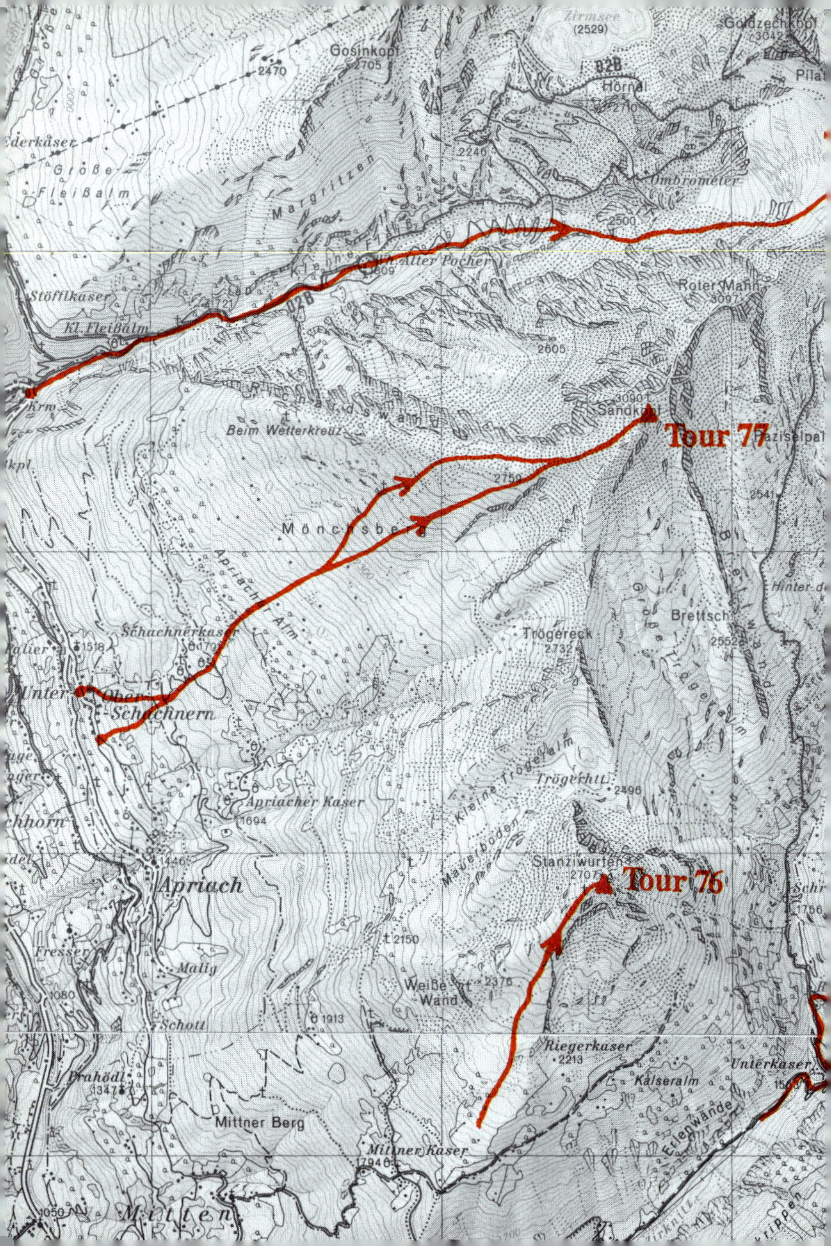

Tour 77
Tour 76
Gosinkopf
2705
Zirmsee
(2529)
Goldzechkopf
Hörnd
2710
Pilat
2470
Große Fleißalm
Margritzen
2246
Ombrometer
2500
Alter Pocher
Stöfflkaser
Kl. Fleißalm
Roter Mann
3097
2605
Sandkopf
3090
Beim Wetterkreuz
2750
Mönchsberg
2541
Brettsch
2552
Trögereck
2732
Schachnerkaser
1518
Unter
Ober
Schachnern
Apriacher Kaser
1694
Trögerhtt.
2496
Kleine Trögeralm
Mauerboden
Stanziwurten
2707
1446
Apriach
Fresser
Malig
2150
Weiße Wand
2376
1080
Schott
1913
Riegerkaser
2213
Kalseralm
Unterkaser
Erlenwände
Drahödl
1347
Mittner Berg
Mittner Kaser
1794
1756
1050
Mitten

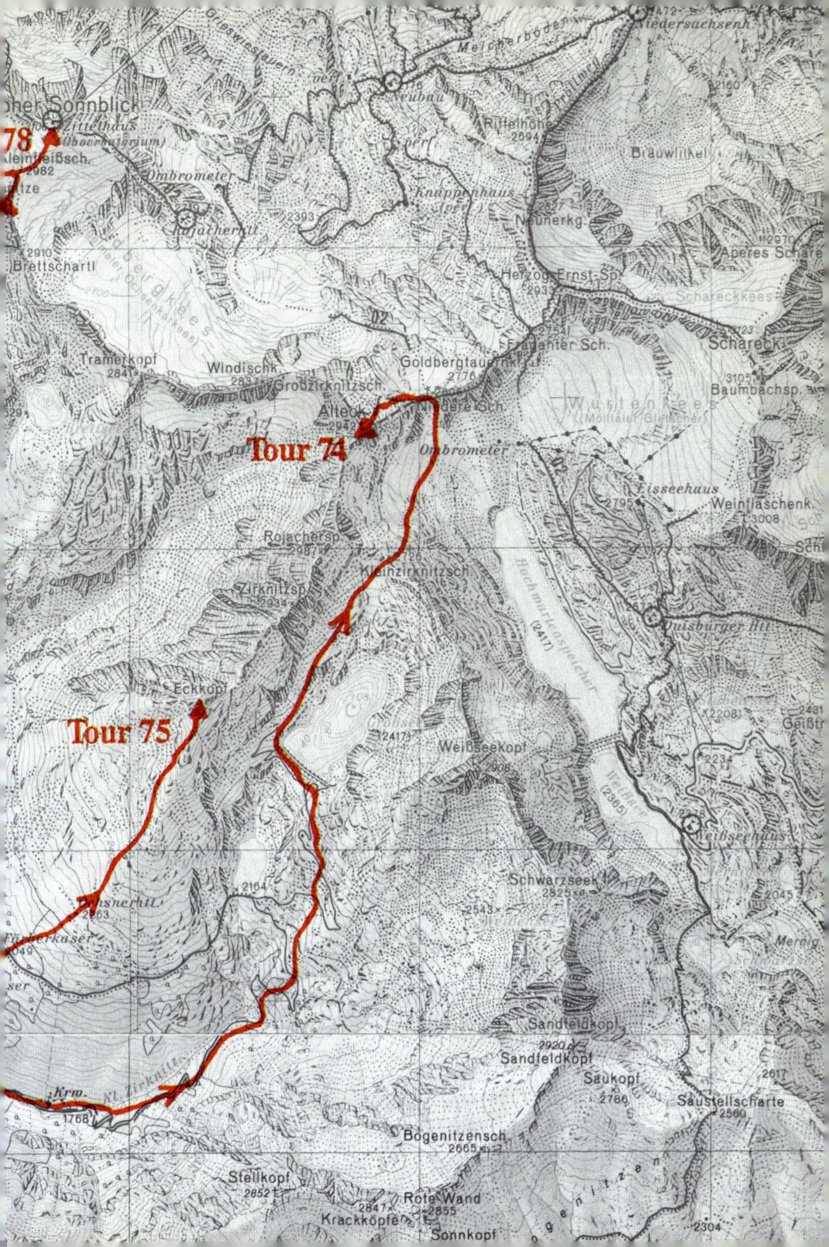

Tour 74
Tour 75
78
Sonnblick
Zittelhaus
Ombrometer
Rojacherhtt
Brettschartl
2910
Tramerkopf
2841
Windischk
2837
Großzirknitzsch.
Alteck
Goldbergtauernk
2776
Niedere Sch.
Fraganter Sch.
Herzog-Ernst-Sp.
2933
Neunerkg.
Knappenhaus
Ritterhöhe
2694
Neubau
Melcherböden
Niedersachsenh.
Brauwinkel
Aperes Schareck
Schareck
Schareckkees
Baumbachsp.
3105
Wurtenkees
Eisseehaus
2795
Weinflaschenk.
3008
Rojachersp.
2987
Kleinzirknitzsch.
Zirknitzsp.
2934
Duisburger Htt
Hochwurtenspeicher
(2417)
Eckkopf
Weißseekopf
Weißseehaus
(2365)
2234
(2208)
Geißtr
2431
Schwarzseek
2825
2543
2164
2045
2863
1768
Sandfeldkopf
2920
Saukopf
2786
Saustellscharte
2560
2617
Bogenitzensch.
2665
Stellkopf
2852
Rote Wand
2855
2847
Krackköpfe
Sonnkopf
2304
2393
2982

einem markierten Weg, bei der ersten Lichtung wendet man sich nach links und gelangt in einer Schleife zur Mittener-Kaser-Alm, 1794 m. In nordöstlicher Richtung zur Kolmer-Kaser-Alm, 2064 m, und die Richtung beibehaltend über kupiertes Gelände zum Gipfelhang (meist abgeblasen). Über diesen etwas steiler zum Gipfel. (1300 Hm/3½–4 Stunden)

Abfahrt:	wie Aufstieg
Stützpunkte:	keine
beste Zeit:	Jänner bis April
Schwierigkeit:	mittel
Karte:	AV-Karte 1:25.000, Blatt 42, Schirouten ÖK 1:50.000, Blatt 154, 180

Der Stänziwurdi ist nur eine kleine Erhebung im Südwestkamm von Sonnblick und Goldbergspitze, aber ein echter Geheimtip, den eigentlich nur Einheimische kennen und zu schätzen wissen, denn diese Tour bietet als Ganzwintertour schifahrerisch schon einiges. Außerdem hat man vom Gipfel einen sehr guten Ausblick und damit auch Überblick zu den Bergen der Sadniggruppe.
Es ist auch möglich zum Nachbargipfel, dem Trögereck, 2731 m, mit Schiern aufzusteigen und bei der Abfahrt dann über die Trögeralmen genußvoll zu Tal zu schwingen.

Tour 77: Sandkopf, 3090 m

Talort:	Döllach, 1013 m
Aufstieg:	Von Döllach mit Auto auf einer Straße nach Norden bis Schachern, 1561 m. Eine Mulde Richtung Osten durch schütteren Wald empor, über eine Lichtung mit Almhütten, dann nach NO zuerst noch durch Wald, dann über die freien Hänge des Mönchsbergs zum Oberen Wetter-

	kreuz, 2760 m, empor. Weiter nach NO, sich rechtshaltend zum Kamm und über den nun immer schmäler werdenden Rücken zum Gipfel. (1500 Hm/4½–5 Stunden)
Abfahrt:	wie Aufstieg
Stützpunkte:	keine
beste Zeit:	Jänner bis April
Schwierigkeit:	mittel bis schwer
Karte:	AV-Karte 1:25.000, Blatt 42, Schirouten ÖK 1:50.000, Blatt 154, 180

Der Sandkopf ist ein dem Sonnblick vorgelagerter Gipfel mit einem nordseitig steilen Felsabbruch und freien südwestseitigen Hängen, gegliedert in Kuppen und Kämme, die jedoch frühzeitig ausapern. Die Tour ist vom Hochwinter bis ins Frühjahr durchführbar. Achtung aber bei Nebel, speziell am Gipfelkamm. Die Abfahrt ist sehr schön, über 1100 Höhenmeter durchwegs freie, weite Hänge.

Tour 78: Hoher Sonnblick, 3105 m

Talort:	Heiligenblut, 1288 m
Aufstieg:	Mit dem Auto bis zur Gabelung von Großem und Kleinem Fleißtal (Wegweiser), wenn möglich bis zum Schranken, Gedenkstein, 1722 m. Auf einem Güterweg durch das Kleine Fleißtal bis zum Gasthof »Alter Pocher«, 1807 m. Weiter im Talgrund in Kehren aufwärts Richtung Osten (der Weg biegt dann mit einer langen Hangquerung Richtung Zirbensee ab) und durch eine steile breitere Rinne (Art Mulde) zu einem flachen Boden hinauf. Nach Osten geradeaus zum Gletscher des Kleinen Fleißkees. Es ist auch möglich, über den in den Berg geschlagenen Güterweg bis knapp vor das Kleine

	Fleißkees aufzusteigen. Über dieses, am linken oder rechten Rand, Richtung NO zur Kleinen Fleiß-Scharte, 2981 m. Von der Scharte in NO-Richtung an der breiten Gletscherflanke zum Gipfel. (1400 Hm/4–5 Stunden)
Abfahrt:	wie Aufstieg
Stützpunkte:	Zittelhaus, 3105 m (ganzj. bew.)
beste Zeit:	März bis Mai
Schwierigkeit:	schwer und hochalpin. Vorsicht vor Spalten im Fleißkees!
Karte:	AV-Karte 1:25.000, Blatt 42, Schirouten ÖK 1:50.000, Blatt 154

Der Sonnblick ist der beliebteste Gipfel in der Goldberggruppe und der mittlere Dreitausender zwischen Hocharn und Schareck. Am Gipfel befindet sich das ganzjährig bewirtschaftete Zittelhaus, dem sich die schon berühmte Sonnblick-Wetterstation anschließt.
Die Sonnblick-Schiroute ist eine landschaftlich sehr eindrucksvolle, hochalpine und lange Tour über mittelsteile bis steile Westhänge. Vorsicht bei Nebel und Neuschnee. Es sei auch ausdrücklich hier vor der Spaltengefahr am Fleißkees gewarnt, eventuell Seil und Pickel mitnehmen. Natürlich kann der Sonnblick auch von der Salzburger Seite her über das Vogelmaier-Ochsenkarkees von Kolm-Saigurn aus bestiegen werden. Wer noch genug Kraft, Lust und Laune hat, der kann als Draufgabe zum Sonnblick noch eine Besteigung der nahen Goldbergspitze, 3072 m, anschließen.
Es ist auch möglich zum Goldzechkopf, 3042 m, aufzusteigen, dabei quert man das Kleine Fleiß-Kees in einer Höhe von 2850 m und gelangt in Richtung Norden zum Beginn des SO-Grates, über den man zum Gipfel klettert.

Tour 79: Hocharn, 3254 m

Talort:	Heiligenblut, 1288 m
Aufstieg:	Wie bei Tour 78 ins Fleißtal zum „Alten Pocher“. Weiter am Güterweg bis zum Zirbensee, 2495 m, hinauf (ÖK Zirmsee, 2529 m). Vom See talein und sehr steil zur nördlichen Goldzechscharte, 2859 m, oder vom See steil nach links hinauf, längere Hangquerung, bis eine Geländerampe zur Scharte leitet. Von der Scharte über die Flanke des Hocharnkeeses, sich immer knapp rechts des Hocharn-Südgrates haltend, und zuletzt über eine Steilstufe zum Gipfel. (1550 Hm/4½–5 Stunden)
Abfahrt:	wie Aufstieg
Stützpunkte:	keine
beste Zeit:	April bis Mai
Schwierigkeit:	schwer, lang und hochalpin. Vorsicht vor Lawinengefahr und Spaltengefahr am Hocharnkees!
Karte:	AV-Karte 1:25.000, Blatt 42, Schirouten, ÖK 1:50.000, Blatt 154

Der Hocharn ist der höchste Schigipfel der Goldberggruppe und wird meistens von Kolm-Saigurn aus bestiegen. Der Aufstieg von Heiligenblut erweist sich als etwas länger, dafür wird man aber auch mit einer langen und herrlichen Abfahrt für all die Aufstiegsmühen belohnt. Die Route hat absoluten Hochalpincharakter und kann nur im Frühjahr bei sichersten Bedingungen durchgeführt werden. Auch am Hocharn herrscht Spaltengefahr!
Wer es hingegen etwas kürzer mag, der kann den Goldzechkopf, 3042 m, über den Nord- oder Südost-Grat besteigen. Abgefahren wird wie vom Hocharn, wobei beide Abfahrtsrouten ein traumhaftes Firnspektakel dem Schibergsteiger eröffnen.

Tour 80: Krummelkeeskopf, 3103 m (ÖK Krumlkeeskopf, 3101 m)

Talort:	Heiligenblut, 1288 m
Aufstieg:	Mit dem Auto ins Fleißtal bis zur Kreuzung von Großem und Kleinem Fleißtal, 1626 m (Wegweiser). Nun nach Norden durch das Große Fleißtal und dann dem Großen Fleißbach folgend nach Osten bis auf eine Höhe von 2300 m. Man biegt nun kurz nach Westen ab, unter dem Punkt 2370 m, und steigt dann in NO-Richtung immer steiler werdend bis auf ca. 2700 m auf. Je nach Verhältnissen zu Fuß oder mit Schi und sehr steil zur Otto-Umlauft-Biwackschachtel, 2987 m. Über den Ostgrat in leichter Kletterei zum Gipfel. (1500 Hm/5–6 Stunden)
Abfahrt:	wie Aufstieg
Stützpunkte:	Otto-Umlauft-Biwackschachtel, 2987 m
beste Zeit:	Mai bis Juni
Schwierigkeit:	schwer, lang und hochalpin. Kletterfertigkeit notwendig, eventuell Seilsicherung!
Karte:	AV-Karte 1:25.000, Blatt 42, Schirouten

Die Tour zum Krummelkeeskopf ist ein schwieriges Schiunternehmen, das nur bei sichersten Schnee- und Witterungsverhältnissen möglich ist. Nur erfahrene Schibergsteiger werden sich in diesem hochalpinen Gelände zurechtfinden, dann aber ein ganz besonderes Bergerlebnis mit nach Hause nehmen.
Wie der Aufstieg erweist sich auch die Abfahrt, die im oberen Teil über sehr steile Hänge führt, dann aber gemütlich im Fleißtal ausklingt.

Österreichs höchster Berg, der Großglockner. Am linken Bildrand sieht man die Adlersruhe mit der Aufstiegs- und Abfahrtsroute. ▶

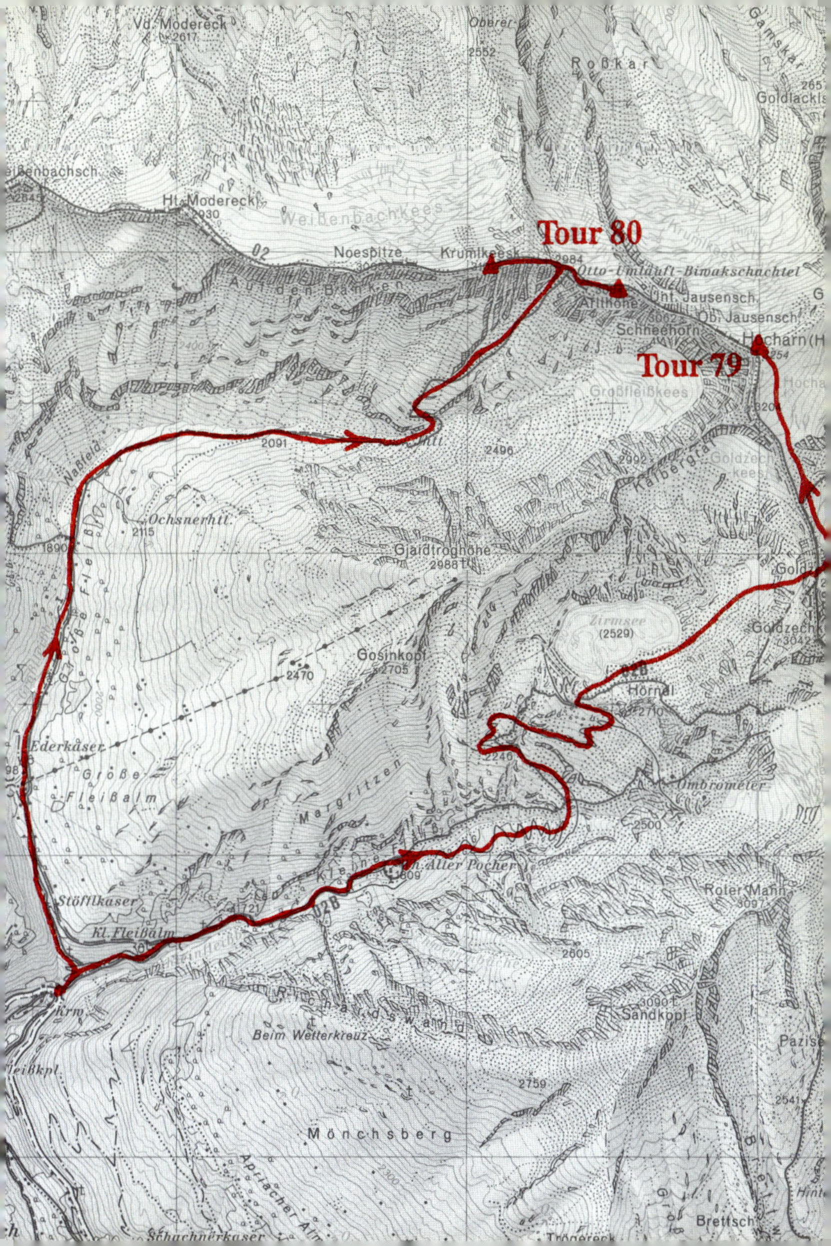

Tour 80
Tour 79
Vd. Modereck
Ht. Modereck
Weißenbachkees
Noespitze
Krumlkeesk
Otto-Umlauft-Biwakschachtel
Arlthöhe
Unt. Jausensch.
Ob. Jausensch.
Schneehorn
Hocharn
Großfleißkees
Roßkar
Goldlackl
Nаßfeld
Ochsnerhtt.
Kälbergrat
Gjaidtroghöhe
2988
Gosinkopf
2705
Zirmsee
(2529)
Hörndl
Goldzech
3042
Ederkäser
Große Fleißalm
Margritzen
Ombrometer
Alter Pocher
Roter Mann
3097
Stöfflkaser
Kl. Fleißalm
Krm
Richardswand
Beim Wetterkreuz
Sandkopf
Mönchsberg
Schachnerkaser
Brettsch
Pazise
2091
2496
2115
1890
2470
2246
2500
2605
2759
2541

Tour 81: Großglockner, 3798 m

Talort: Heiligenblut, 1288 m

Aufstieg: Von der Franz Josefs-Höhe, 2400 m, zur Hofmannshütte und über die steile Moräne zur Pasterze hinab. Diese überquert man und steigt zu Fuß über Felsen zum Punkt 2793 m. Von hier erfolgt der Weiterweg entlang der in Tour 82 beschriebenen Abfahrt am Hofmannskees zur Adlersruhe, 3454 m. Von der Hütte über das Glocknerleitl zuerst flach, dann sehr steil zum Beginn der Felsen des Kleinglockners. In leichter Kletterei auf den Kleinglockner, 3783 m, dann Abstieg und sehr ausgesetzt über die Glocknerscharte zu den Felsen des Großglockners. Über Blockgelände in leichter Kletterei zum Gipfel. (1500 Hm/6 Stunden)

Abfahrt: wie Aufstieg

Stützpunkte: Oberwalderhütte, 2973 m (Pfingsten und ab Anfang Juni geöffnet)
Adlersruhe, 3454 m (Winterraum offen)
Hofmannshütte, 2438 m (ab Ende Mai geöffnet)
Glocknerhaus, 2143 m (ab Mitte Mai geöffnet)

beste Zeit: Mai bis Juni

Schwierigkeit: schwer und hochalpin, Vorsicht Spaltengefahr!

Karte: AV-Karte 1:25.000, Blatt 40, ÖK 1:50.000, Blatt 153

Die Schiroute auf den höchsten Berg Österreichs ist ein hochalpines Unternehmen, das über spaltengefährdetes Gletschergelände führt. Voraussetzungen sind sichere Verhältnisse, stabile Wetterlage und Erfahrung auf Gletscherschirouten. Aber auch konditionell verlangt einem der Großglockner schon einiges ab, denn 1500 Höhenmeter in der Dreitausender-Region sind zu bewältigen.
Gute Skiläufer können gleich von den Felsen des Kleinglockners sehr steil über das Glocknerleitl abfahren, um dann über schöne Gletscherhänge am Hofmannskees zur Pasterze hinunterzuschwingen.
Seite 150/151: Der Großglockner vom Aufstieg zur Oberwalderhütte.

Tour 82: Großglockner-Umfahrung, 3798 m

Talort: Heiligenblut, 1288 m

Aufstieg: Von der Franz Josefs-Höhe zur Oberwalderhütte, 2973 m. Von der Hütte quert man den Obersten Pasterzenboden und gelangt in flacher Abfahrt zum Teufelskampkees. Dieses steil empor bis auf Punkt 3428 m. Nun folgt eine flache Abfahrt über den oberen Teil des Fruschnitzkeeses und Teischnitzkeeses zum Punkt 3175 m am Luisengrat. Steil hinunter zum Ködnitzkees. Dieses quert man in östlicher Richtung bis 3300 m und verläßt nun den Gletscher, um über den versicherten Mürztalersteig (Drahtseile meistens unter Schnee) die Adlersruhe, 3454 m, zu erklettern (Schidepot). Von der Adlersruhe zu Fuß über das Glocknerleitl und in leichter Kletterei zum Kleinglockner, 3783 m. Über die Glocknerscharte und anschließend leichte Blockkletterei zum Gipfel des Großglockners, 3798 m. (1800 Hm/6–8 Stunden)

Abfahrt: Von der Adlersruhe entlang der Felsen des Salmkamps bis zu einer flachen Einsattelung, 3282 m. Nun an der Felsrippe entlang bis zu deren Ende und gleich scharf nach rechts. Über die Steilstufe des Hofmannskeeses hinunter bis auf ca. 3000 m. Lange Querung zum linken Gletscherufer und bei 2750 m steil in das Glocknerkar. Rechts im Kar hinunter bis auf den Oberen Pasterzenboden. Weiter zum Glocknerhaus oder Wiederaufstieg zur Oberwalderhütte (von der Adlersruhe bis zum Oberen Pasterzenboden ca. 1 Stunde).

Stützpunkte: Oberwalderhütte, 2973 m (Pfingsten und ab Anfang Juni geöffnet)
Adlersruhe, 3454 m (Winterraum offen)
Glocknerhaus, 2143 m (ab Mitte Mai geöffnet)
Hofmannshütte, 2438 m (ab Ende Mai geöffnet)

beste Zeit: Mitte Mai bis Juni

Schwierigkeit: sehr schwer und hochalpin, Kletterfertigkeit und Gletscherausrüstung notwendig

Tour 85
Tour 86
Tour 81
Kapruner Törl
2877
Karlingerboden
Schwarzköpfl
3124
Oberer
Westliches
Gr. Bärenkopf
3396
Keilscharte
Mt. Bärenkopf
3358
Schattseite
Schattseitköpfl
3338
Ombrometer
3111
Riffeltor
Führerscharte
Vd. Bärenkopf
Eiswandbichl
Nördl. Bockkarkees
3228
Riffelwinkel
3039
Bockkarscharte
Breitkopf
Johannisberg
3453
Pasterzenboden
Oberwalderhtt.
Fuscher-Kar-Scharte
H. Burgstall
enwinkelscharte
Mt. Burgstall
2933
Schneewinkel
Hufeisenbruch
Wasserfallwinkel
2664
Elschberg
3511
Romariswandköpfe
Romariswandsch.
Teufelskamp
3511
2709
Kl. Burgstall
Teufelskampkees
Gamsgrube
Hofmannshtt.
3205
Biwakschachtel
Hofmannsp.
3722
Glocknerkees
Glocknerkamp
Glocknerwand
3596
Teufelshorn
3680
3798
Gramulsttl.
Großglockner
3770
Glocknerkamp
Gramul
3276
Kleinglockner
Teischnitzkees
Hofmannkees
Adlersruhe
Erzherzog-Johann-Htt.
Stüdlgrat
Kampl
Luisenk
3207
Ködnitzkees
Hohenwartk
3308
3182
Kellerswand
3010
Burgwartsch
Kellersk
3239

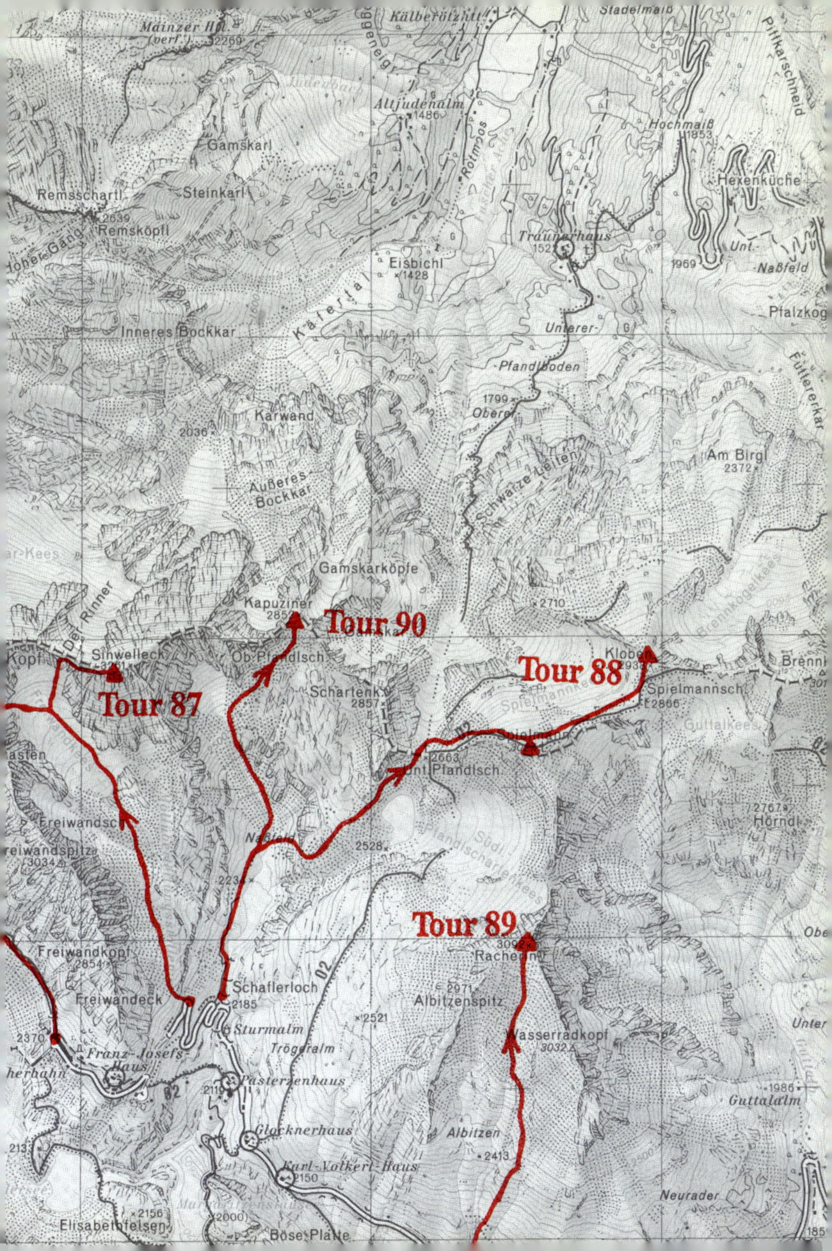
Tour 87
Tour 88
Tour 89
Tour 90
Mainzer Hü.
2269
Kälberlötzl
Stadelmaiß
Pihkarschneid
Altjudenalm
1486
Gamskarl
Hochmaiß
1853
Hexenküche
Remsschartl
Steinkarl
2639
Remsköpfl
Trauner-haus
1969
Naßfeld
Eisbichl
1428
Pfalzkog
Käfertal
Inneres Bockkar
Unterer
Pfandlboden
Fuschererkar
1799
Oberer
Karwand
2036
Am Birgl
2372
Äußeres Bockkar
Schwarze Leiten
Gamskarköpfe
Der Rinner
2710
Kapuziner
Brennkogelkees
Sinwelleck
Ob. Pfandlsch.
Brenn
Schartenk.
2857
Spielmannsch.
2866
Guttalkees
2663
Unt. Pfandlsch.
Freiwandsc
2767
Hörndl
Naßfeld
2528
Süd. Pfandlscharten-kees
Freiwandspitz
3034
Freiwandkopf
2854
Rachern
Schaflerloch
2185
2971
Albitzenspitz
Freiwandeck
2521
Sturmalm
Wasserradkopf
3032
2370
Franz-Josefs-Haus
Trögeralm
Pasterzenhaus
1986
Guttalalm
Glocknerhaus
Albitzen
2413
Karl-Volkert-Haus
2150
Neurader
2156
(2000)
Elisabethfelsen
Böse Platte

Karte: AV-Karte 1:25.000, Blatt 40
ÖK 1:50.000, Blatt 153

Die Großglockner-Umfahrung ist eine sehr ernste Tour mit absolutem Westalpencharakter, die für zwei Tage eine sichere Wetterlage voraussetzt. Seil, Pickel und Steigeisen sind unbedingt notwendige Ausrüstungsgegenstände.
Fast ausschließlich wird der Großglockner im Winter im Rahmen der für die Ostalpen einzigartigen Glockner-Umfahrung bestiegen. Es ist auch möglich, von Kals über die Stüdlhütte aufzusteigen. Für beide Möglichkeiten ist Erfahrung im hochalpinen Gelände unerläßlich.
Weite Gletscher, steile Aufstiege durch Spaltenzonen und Gletscherbrüche, ausgiebige Gletscherabfahrten, Kletterei im kombinierten Gelände, steile Flanken und Superabfahrten kennzeichnen diese Tour. Es ist eine Paradeschitour von 1800 Höhenmetern auf den höchsten Berg Österreichs.
Wenn Ende Mai dann die Großglockner-Hochalpenstraße geräumt ist und die Wetter- und Schneeverhältnisse eine solche Tour zulassen, dann steht für die landschaftlich schönste Schitour Österreichs nichts mehr im Wege.
Wir waren Anfang Juni unterwegs. Die Sonne spielte schon ihre ganze Kraft aus und die 1800 Höhenmeter kosteten uns sehr viel Schweiß. Doch dann der Gipfel des Großglockners und diese unvergeßlichen Eindrücke des Aufstieges durch das Teufelskampkees. Ein Ausblick über die gesamten Hohen Tauern. Johannisberg, Wiesbachhorn, Großvenediger, Ankogel, Sonnblick, und weit unter uns die mächtige Pasterze. Die gesamte eisige Welt der Dreitausender zum Greifen nahe. Mit diesen Bildern vor Augen machten wir uns an den Abstieg. Als wir dann an der Adlersruhe unsere Bretter wieder anschnallten, begann für uns der letzte Teil eines unvergeßlichen Bergtraumes. Im oberen Teil noch Pulver, der uns in so manche Schneewolke hüllte, und wenig später glitten wir fast übergangslos in den schmierigen Firn des Hofmannskeeses hinein und wollten es gar nicht glauben, als wir wieder unten auf der Pasterze standen und der Großglockner bereits hinter uns lag.

◀ ***Der Johannisberg im Sonnenuntergang.***

Tour 83: Johannisberg, 3453 m

Talort: Heiligenblut, 1288 m

Aufstieg: Vom Parkhaus an der Franz Josefs-Höhe, 2400 m, auf einem Weg an der Hofmannshütte vorbei in den Wasserfallwinkel. Sich eher rechts haltend nach Norden, dann bei 2840 m nach Westen über das Wasserfallwinkel-Kees zur Oberwalderhütte, 2973 m. Nun quert man nach Westen über den Obersten Pasterzenboden zum Ostgrat des Johannisberges. Über diesen zum Gipfel. (1050 Hm/ 3½–4 Stunden)

Abfahrt: wie Aufstieg

Stützpunkte: Oberwalderhütte, 2973 m (Pfingsten und ab Juni bew.)
Hofmannshütte, 2438 m (ab Ende Mai bew.)

beste Zeit: Mai bis Juni

Schwierigkeit: mittel, aber hochalpin, Vorsicht Spaltengefahr und Vorsicht bei Nebel! Steigeisen am Ostgrat erforderlich (steil).

Karte: AV-Karte 1:25.000, Blatt 40
ÖK 1:50.000, Blatt 153

Der Aufstieg zum Johannisberg führt uns in eine unbeschreiblich schöne Berg- und Gletscherszenerie. Doch speziell am so harmlos wirkenden Obersten Pasterzenboden sollte man auf Spalten achtgeben! Der Ausblick vom Gipfel des Johannisberges ist sehr eindrucksvoll. Der Großglockner, das Eiskögele, Sonnblick und Granatspitze, der Bärenkopf und die scharfe Spitze des Wiesbachhorns zeigen sich im Eis- und Firnglanz.
Wenn man hier in der Glocknergruppe nicht nur eine Tour unternehmen möchte, ist es sinnvoll, auf der Oberwalderhütte, die ja zentraler Ausgangspunkt ist, Quartier zu beziehen, wobei eine vorherige Anmeldung anzuraten ist.

Aufstieg zum Breitkopf, 3154 m, im Großglocknergebiet. Dahinter die mächtige Fuscherkarkopf-Nordwand und das Sonnenwelleck. ▶

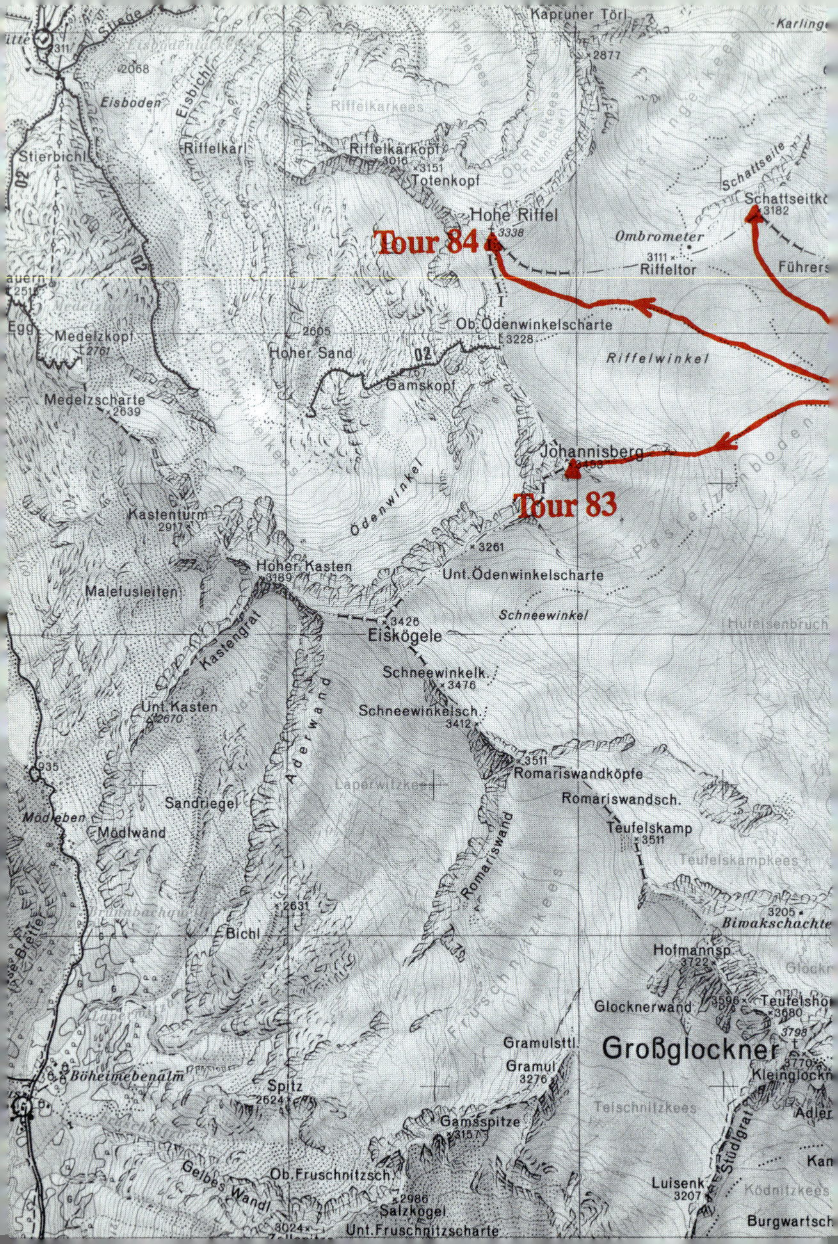

Tour 84
Tour 83
Kapruner Törl
Karlinger Kees
2877
Riffelkarkees
Eisboden
2068
Eisbichl
Riffelkarl
Riffelkarkopf
3016
3151
Totenkopf
Hohe Riffel
3338
Schattseite
Schattseitkopf
3182
Ombrometer
3111
Riffeltor
Führersteig
Stierbichl
Egg
Medelzkopf
2761
Ob. Ödenwinkelscharte
3228
2605
Hoher Sand
Riffelwinkel
Gamskopf
Medelzscharte
2639
Johannisberg
3453
Ödenwinkelkees
Ödenwinkel
Pasterzenboden
Kastenturm
2917
3261
Hoher Kasten
3189
Unt. Ödenwinkelscharte
Malefusleiten
Schneewinkel
3426
Eiskögele
Hufeisenbruch
Kastengrat
Schneewinkelk.
3476
Aderwand
Unt. Kasten
2670
Schneewinkelsch.
3412
3511
Romariswandköpfe
Laperwitzkees
Romariswandsch.
Sandriegel
Mödlwänd
Teufelskamp
3511
Romariswand
Teufelskampkees
2631
3205
Bimakschachtel
Bichl
Hofmannsp.
3722
Fruschnitzkees
Glocknerwand
Teufelshorn
3680
3798
Gramulsttl.
Großglockner
Gramul
3276
3770
Kleinglockner
Böheimebenalm
Spitz
2624
Teischnitzkees
Adler
Gamsspitze
3157
Gelbes Wandl
Ob. Fruschnitzsch.
Stüdlgrat
Luisenk.
3207
Ködnitzkees
2986
Salzkogel
3024
Unt. Fruschnitzscharte
Burgwartsch.
02

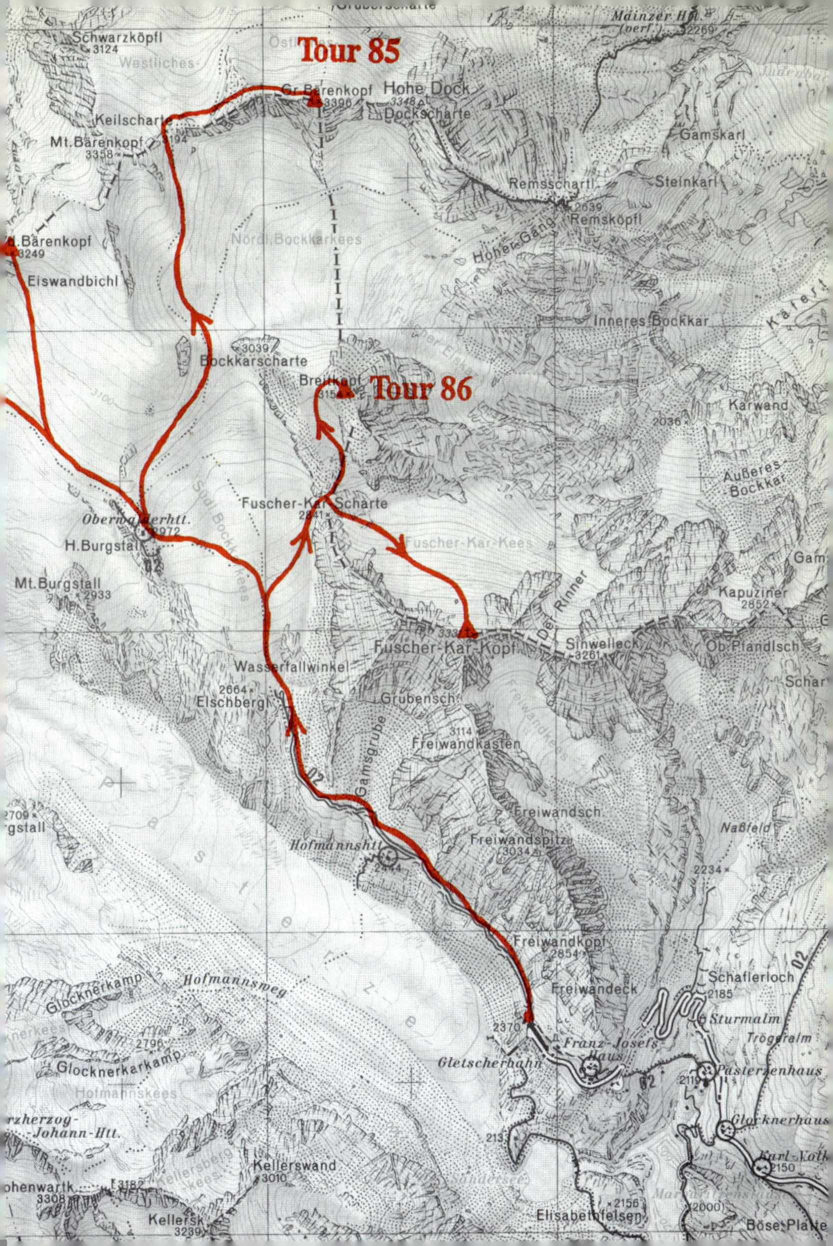
Tour 85
Tour 86
Gr. Bärenkopf
3396
Hohe Dock
3348
Dockscharte
Schwarzköpfl
3124
Keilscharte
3194
Mt. Bärenkopf
3358
Eiswandbichl
3249
Nördl. Bockkarkees
Remsscharte
2639
Remsköpfl
Steinkarl
Gamskarl
Hoher Gang
Inneres Bockkar
3039
Bockkarscharte
Breitkopf
Karwand
2036
Äußeres Bockkar
Fuscher-Kar-Scharte
2841
Fuscher-Kar-Kees
Oberwalderhtt.
2972
H.Burgstall
Mt.Burgstall
2933
Südl. Bockkarkees
Der Rinner
Kapuziner
2852
Fuscher-Kar-Kopf
Sinwelleck
3261
Ob. Pfandlsch
Wasserfallwinkel
2664
Elschbergl
Grubensch
3114
Freiwandkasten
Gamsgrube
Freiwandsch
Naßfeld
Freiwandspitz
3034
Hofmannshtt.
2444
2234
2709
Freiwandkopf
2854
Freiwandeck
Schaflerloch
2185
Sturmalm
Trögeralm
Hofmannsweg
Glocknerkamp
2796
Glocknerkarkamp
2370
Franz-Josefs-Haus
Gletscherbahn
Pasterzenhaus
2119
Glocknerhaus
Hofmannskees
Erzherzog-Johann-Htt.
Kellerswand
3010
Karl-Volkert
2150
Hohenwartk
3308
3182
Kellersk
3239
2156
Elisabethfelsen
(2000)
Böse Platte
02

Tour 84: Hohe Riffel, 3338 m

Talort:	Heiligenblut, 1288 m
Aufstieg:	Wie bei Tour 83 zur Oberwalderhütte, 2973 m. Nun in NW-Richtung über das Riffelwinkelkees sehr flach, dann etwas steiler werdend auf den Gipfel. (950 Hm/3–4 Stunden).
Abfahrt:	wie Aufstieg
Stützpunkte:	Oberwalderhütte, 2973 m (Pfingsten und ab Juni bew.) Hofmannshütte, 2438 m (ab Ende Mai bew.)
beste Zeit:	Mai bis Juni
Schwierigkeit:	leicht, aber hochalpin, Vorsicht bei Nebel!
Karte:	AV-Karte 1:25.000, Blatt 40 ÖK 1:50.000, Blatt 153

Die Hohe Riffel-Tour ist eine gemütliche Gletscherschiroute über flaches, fast spaltenloses Terrain und leitet bequem bis zum Gipfel aufwärts. Trotzdem darf man den hochalpinen Charakter dieser Tour nicht vergessen, speziell im Nebel kann die Orientierung auf den weiten Gletscherböden schwierig werden.
Als Dreitausender »zum Mitnehmen« wären die Aufstiege zum Schattseitköpfl, 3182 m, und zum Vorderen Bärenkopf, 3249 m, noch zu nennen.

Tour 85: Großer Bärenkopf, 3396 m

Talort:	Heiligenblut, 1288 m
Aufstieg:	Wie bei Tour 83 zur Oberwalderhütte, 2973 m, oder gleich direkt nach Norden über das Wasserfallwinkelkees zur Bockkarscharte, 3038 m, und weiter nach Nor-

	den, das Bockkarkees überquerend in die Keilscharte, 3220 m. Am SW-Grat unschwierig zum Gipfel. (1000 Hm/3–4 Stunden)
Abfahrt:	Wie Aufstieg oder vom Gipfel über die Bärenkopf-Nordflanke sehr steil (ca. 45 Grad) zum Bärenkopfkees, wobei dann noch ein leichter Gegenanstieg von ca. 100 Höhenmetern zur Keilscharte in Kauf genommen werden muß.
Stützpunkte:	Oberwalderhütte, 2973 m (Pfingsten und ab Juni bew.) Hofmannshütte, 2438 m (ab Ende Mai bew.)
beste Zeit:	Mai bis Juni
Schwierigkeit:	mittel, aber hochalpin, Abfahrt über die Bärenkopf-Nordflanke schwer
Karte:	AV-Karte 1:25.000, Blatt 40 ÖK 1:50.000, Blatt 153

Die Tour zum Großen Bärenkopf zählt zu den schönsten und beeindruckendsten Schiunternehmungen des Glocknergebietes. Der Aufstieg ist nicht all zu lang und nicht besonders schwer. Auch wenn eine geschlossene Schneedecke keinerlei Gefahren vermuten läßt, sollte man doch besser am Seil gehen.
Natürlich kann man auch durch die Bärenkopf-Nordflanke aufsteigen, die dann eine lohnende Kombination von Schitour mit Eisklettern darstellt. Wenn man später am Gipfel steht, tut sich das Dreigestirn Wiesbachhorn, Bratschenkopf und Klockerin vor einem auf.
Die fantastische Steilabfahrt über die Bärenkopf-Nordflanke zählt zu den eindruckvollsten Schiabfahrten der Glocknergruppe und ist nur sehr guten Schifahrern mit Steilhangerfahrung vorbehalten.

Tour 86: Breitkopf, 3154 m

Talort:	Heiligenblut, 1288 m
Aufstieg:	Wie bei Tour 83 zur Oberwalderhütte, 2973 m, und

	kurze Abfahrt nach Osten zur Fuscherkarscharte, 2820 m, oder gleich direkt über das Wasserfallwinkelkees in die Scharte und dann nach Norden über Hänge zum Gipfel. (700 Hm/2–3 Stunden)
Abfahrt:	wie Aufstieg
Stützpunkte:	Oberwalderhütte, 2973 m (Pfingsten und ab Juni bew.) Hofmannshütte, 2438 m (ab Ende Mai bew.)
beste Zeit:	Mai bis Juni
Schwierigkeit:	leicht
Karte:	AV-Karte 1:25.000, Blatt 40 ÖK 1:50.000, Blatt 153

Der Breitkopf ist ein gemütlicher Schi-Dreitausender im Glocknergebiet. Gleich gegenüber zeigt sich der Fuscherkarkopf mit seiner bekannten Nordwand, die im Sommer ein beliebtes Eiskletterziel ist.
Der Fuscherkarkopf ist ja kein ausgesprochener Schiberg, denn schon sein Normalanstieg führt über den Nordwestgrat, der mit dem unteren zweiten Schwierigkeitsgrat angegeben wird. Für Steilwandfahrer aber stellt die extreme Schiabfahrt über die Fuscherkarkopf-Nordwand ein besonderes »Schizuckerl« dar.

Tour 87: Sonnenwelleck, 3266 m (ÖK Sinwelleck, 3261 m)

Talort:	Heiligenblut, 1288 m
Aufstieg:	Von Heiligenblut entlang der Glocknerstraße Richtung Franz Josefs-Höhe, nach dem Abfluß des Naßfeldspeichers bis zur vierten Kehre (Parkplatz nach ca. 100 m). Vor dem Tunnel bei einer Betonwand steil aufwärts zur Freiwandleitn oberhalb der Magneseswand. Nun sanft ansteigend Richtung NW zum Freiwandkees, über das man am rechten Rand (links Spalten) bis zum Beginn

des steilen Anstieges zum Rinner (Einsattelung zwischen Fuscherkarkopf und Sonnenwelleck) aufsteigt. Nun überaus steil (45 Grad) rechts zum Sattel empor. Von der Scharte unschwierig nach Osten auf den Gipfel. (1000 Hm/3½–4 Stunden)

Abfahrt: wie Aufstieg

Stützpunkte: keine

beste Zeit: Mai bis Juni

Schwierigkeit: schwer und hochalpin

Karte: AV-Karte 1:25.000, Blatt 40
ÖK 1:50.000, Blatt 153

Der Aufstieg zum Sonnenwelleck ist nicht sehr lang, dafür im letzten Teil zum „Rinner" hinauf überaus steil. Bei hartem Schnee sind Steigeisen und Pickel anzuraten, um ein sicheres Steigen zu ermöglichen.
Vom Freiwandkees kann auch zum Fuscherkarkopf durch die sehr steile Gamsgrubenscharte und den darauffolgenden Südgrat in nicht ganz leichter Kletterei aufgestiegen werden.
Beide Touren setzen sichere Verhältnisse voraus.

Tour 88: Untere Pfandlscharte, 2663 m Kloben, 2938 m

Talort: Heiligenblut, 1288 m

Aufstieg: Vom Glocknerhaus, 2153 m, an der Glocknerstraße Richtung Norden über die freien Hänge der Trögeralm hinauf zum Südlichen Pfandlschartenkees. Über dieses in die Scharte empor und in nordöstlicher Richtung über das Spielmannkees zum Beginn des Kloben NW-Grates, 2746 m. Über den Grat zum Gipfel. (800 Hm/2½–3 Stunden)

Abfahrt: wie Aufstieg

Stützpunkte:	Glocknerhaus, 2153 m (ab Mitte Mai bew.)
beste Zeit:	Mai bis Juni
Schwierigkeit:	mittel
Karte:	AV-Karte 1:25.000, Blatt 40 ÖK 1:50.000, Blatt 153

Ein gemütlicher Aufstieg von 500 Höhenmetern bringt uns in die Pfandlscharte. Wer Gipfelfreuden genießen möchte, der kann von der Scharte noch über den Westgrat zum Spielmann, 3027 m, oder zum Kloben aufsteigen. Eine andere Aufstiegsmöglichkeit zur Pfandlscharte führt vom Pasterzenhaus über den Naßfeldsee. Man umgeht den See am linken Ufer und steigt rechts der Schwarzen Wand zu einem See unterhalb des Südlichen Pfandlschartenkeeses auf. In nördlicher Richtung gelangt man dann in die Scharte.

Tour 89: Racherin, 3092 m

Talort:	Heiligenblut, 1288 m
Aufstieg:	Vom »Fenster« (Bezeichnung in der AV-Karte) an der Glocknerstraße sich etwas links haltend über die weite Südflanke zum Gipfel. (1000 Hm/3 Stunden)
Abfahrt:	wie Aufstieg
Stützpunkte:	keine
beste Zeit:	Mai bis Juni
Schwierigkeit:	leicht bis mittel
Karte:	AV-Karte 1:25.000, Blatt 40 ÖK 1:50.000, Blatt 153

Die Racherin hat neben ihrer aussichtsreichen Lage eine über 1000 Höhenmeter lange Abfahrt über ihre Südflanke.
Sie ist ein eher unbekannter Schigipfel, bietet aber unmittelbar vor dem Großglockner eine Super-Schitour.

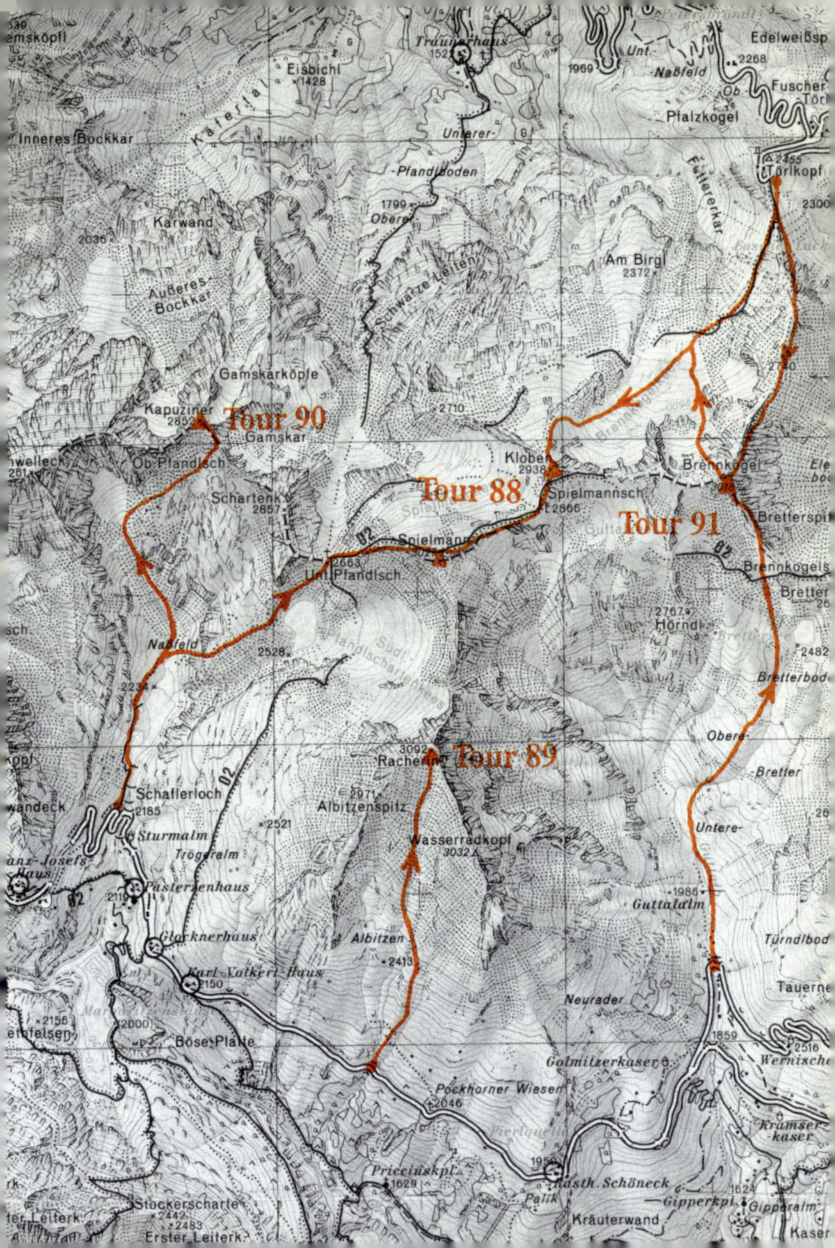

Tour 90
Tour 88
Tour 91
Tour 89
Traunerhaus
Eisbichl
Inneres Bockkar
Pfandlboden
Karwand
Außeres Bockkar
Schwarze Leiten
Am Birgl
2372
Pfalzkogel
Törlkopf
Edelweißsp
Fuscher Törl
Gamskarköpfe
Kapuziner
2852
Gamskar
Ob. Pfandlsch.
Schartenk.
2857
Klobe
2938
Spielmannsch.
2866
Spielmann
Unt. Pfandlsch.
2663
Brennkogel
3018
Bretterspi
Brennkogels
Hörndl
2767
Naßfeld
2528
2234
Racherin
3092
Albitzenspitz
2971
Wasserradkopf
3032
Schafferloch
2185
Sturmalm
Trögeralm
Pasterzenhaus
Glocknerhaus
Karl-Volkert-Haus
2150
Albitzen
2413
Böse Platte
Guttalalm
1986
Obere
Bretter
Untere
Bretterbod
Neurader
Golmitzerkaser
Pockhorner Wiesen
2046
Rasth. Schöneck
Palik
Kräuterwand
Gipperkpl.
Gipperalm
Stockerscharte
2442
2483
Erster Leiterk.
Tauerne
Türndlbod
Wernisch
Kramser-kaser
1859
2516
Tour 89

Tour 90: Kapuziner, 2852 m

Talort:	Heiligenblut, 1288 m
Aufstieg:	Bei der dritten Kehre Richtung Franz Josefs-Höhe nach Norden am linken Ufer des Naßfeldspeichers talein. Nun nach NW zuerst flach, dann immer steiler werdend in einer Art Rinne aufwärts. Nach rechts über einen Rücken und nach NO gelangt man in schönes Kargelände und über dieses in die Obere Pfandlscharte, 2743 m, und in wenigen Minuten zum Gipfel. 650 Hm/1½–2 Stunden)
Abfahrt:	wie Aufstieg
Stützpunkte:	keine
beste Zeit:	Mai bis Juni
Schwierigkeit:	leicht
Karte:	AV-Karte 1:25.000, Blatt 40 ÖK 1:50.000, Blatt 153

Der Anstieg zum Kapuziner steht meistens im Schatten seiner großen Nachbarn, dem Spielmann oder dem mächtigen Sonnenwelleck. Die Kapuzinerschiroute zeichnet sich nicht gerade durch ihre Länge aus, wohl aber durch die beeindruckenden Landschaftserlebnisse und durch eine harmonische Genußabfahrt, die im Juni noch bis zum Auto führen kann.

Tour 91: Brennkogel, 3018 m

Talort:	Heiligenblut, 1288 m
Aufstieg:	Von Heiligenblut entlang der Glocknerstraße bis vor die Brücke am Guttalbach, 1930 m. Links und rechts Parkmöglichkeit. Rechts des Baches steigt man in Richtung Norden, eine Aufstiegsmöglichkeit durch einige enge Felsen suchend, dann über flaches Gelände zum Bretter-

	see, 2483 m. Schon vor dem See hält man sich in Richtung NW und steigt durch eine Südmulde geradeaus in einen flachen Sattel knapp unterhalb des Gipfels, 2943 m (Angabe in AV-Karte 2843 m, wahrscheinlich falsch kotiert). Nach Osten unschwierig zum Gipfel. (1100 Hm/ 3–3½ Stunden)
Abfahrt:	wie Aufstieg
Stützpunkte:	keine
beste Zeit:	Mai bis Juni
Schwierigkeit:	leicht bis mittel
Karte:	AV-Karte 1:25.000, Blatt 40 ÖK 1:50.000, Blatt 153

Der Brennkogel steht oft im Schatten des benachbarten und bekannteren Klobens. Doch bietet der Berg einen schönen Aufstieg und eine lohnende Abfahrt über südseitiges Muldengelände.
Der Brennkogel kann aber auch vom Fuschertörl bestiegen werden. Durch einen langen Gratanstieg, der in felsiges Gelände führt, sind Trittsicherheit und alpine Erfahrung unbedingt erforderlich. Steilhangkönner werden dann über die steile Brennkogel-NO-Flanke abfahren. Wegen der im Mai schon kräftigen Tageserwärmung sollte unbedingt sehr früh aufgebrochen werden.

Tour 92: Saukopf, 2749 m

Talort:	Heiligenblut, 1288 m
Aufstieg:	Von Heiligenblut/Winkl über die Möll zur Wolfgang-Kapelle (Parkmöglichkeit). Auf einer Fahrstraße über eine Steilstufe ins Gößnitztal zur Außeren Ebenalm, 1696 m. Den Talboden verläßt man bei 1750 m und steigt Richtung NW zur Plankasernalm, 2218 m, auf. In einer großen Mulde Richtung Westen zur Kirchtagscharte, 2663 m, und über den Südrücken zum Gipfel. (1350 Hm/ 4–4½ Stunden)

Abfahrt:	wie Aufstieg
Stützpunkte:	keine
beste Zeit:	April bis Mai
Schwierigkeit:	schwer
Karte:	AV-Karte 1:25.000, Blatt 41 ÖK 1:50.000, Blatt 153

Das Gößnitztal bietet eine Menge langer Schitouren, die dafür aber auch mit lohnenden Abfahrten aufwarten.
Zinketzkamp (ÖK Zinggetzkamp), 2876 m, Gremul, 2909 m, Tramerkamp, 2974 m, und der Zinketz, 2973 m (ÖK Zinggetz, 2971 m), wären alles Schigipfel, die vom Gößnitztal zu besteigen sind. Die Abfahrten weisen fast durchwegs Südostlage auf.

Tour 93: Gremul, 2909 m

Talort:	Heiligenblut, 1288 m
Aufstieg:	Wie bei Tour 92 ins Gößnitztal und weiter bis zur Hinterm-Holz-Alm, 2164 m. Richtung NW durch das Holzkar, zum Schluß steil ansteigend in die Tramerkampscharte, 2865 m. Zu Fuß unschwierig in wenigen Minuten zum Gipfel. (1550 Hm/4–5 Stunden)
Abfahrt:	wie Abfahrt oder vom Gipfel über die Ostmulden zur Ochsnerhütte (steiler)
Stützpunkte:	keine
beste Zeit:	April bis Mai
Schwierigkeit:	schwer
Karte:	AV-Karte 1:25.000, Blatt 41 ÖK 1:50.000, Blatt 153

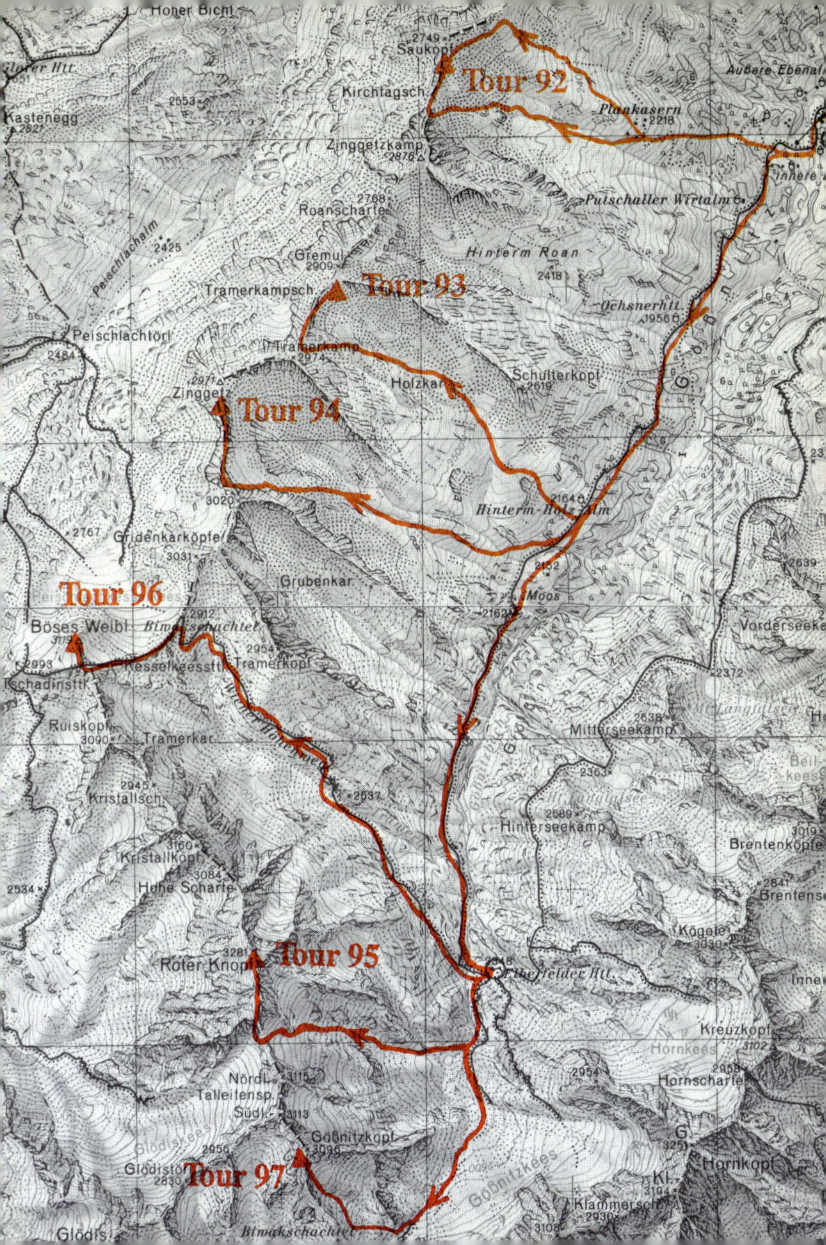

Hoher Bichl
Saukopf
2749
Tour 92
Außere Ebenalm
Kirchtagsch.
Plankasern
2218
Kastenegg
2827
2553
Zinggetzkamp
2876
Innere
2768
Roanscharte
Pulschaller Wirtalm
Peischlachalm
2425
Hinterm Roan
Gremul
2909
2418
Tramerkampsch.
Tour 93
Ochsnerhtt.
1956
Peischlachtörl
2484
Tramerkamp
2974
Holzkar
Schulterkopf
2619
2971
Zinggetz
Tour 94
3020
2164
Hinterm Holz Alm
2767
Gridenkarköpfe
3031
2152
Grubenkar
Moos
Tour 96
2162
Böses Weibl
Bimmelschachtel
2912
Vorderseek
2954
Tramerkopf
2993
Kesselkeesstl.
2372
Schadinsttl.
2638
Ruiskopf
Mitterseekamp
3090
Tramerkar
2363
2945
2537
Kristallsch.
2589
Hinterseekamp
3019
Brentenköpfe
3160
Kristallkopf
3084
2534
Hohe Scharte
2841
Brentens
Kögele
3030
3281
Tour 95
Roter Knopf
2448
Elberfelder Htt.
Kreuzkopf
3102
Hornkees
2958
2954
Hornscharte
Nördl.
3115
Talleitensp.
Südl.
3113
Gößnitzkopf
3096
3251
2956
Hornkopf
Glödistör
Tour 97
2830
Gößnitzkees
3194
Klammersch.
2930
3108
Bimakschachtel
Glödis

Tour 94: Zinketz, 2973 m (ÖK Zinggetz, 2971 m)

Talort: Heiligenblut, 1288 m

Aufstieg: Wie bei Tour 93 zur Hinterm-Holz-Alm, 2164 m. Von der Alm über mittelsteiles Gelände zu Punkt 2443 m und in einer großen Mulde links des Punktes 2772 m Richtung Gipfel, der von links erstiegen wird. Zuletzt zu Fuß unschwierig zum Gipfel. (1600 Hm/4½–5½ Stunden)

Abfahrt: wie Aufstieg

Stützpunkte: keine

beste Zeit: April bis Mai

Schwierigkeit: schwer

Karte: AV-Karte 1:25.000, Blatt 41
ÖK 1:50.000, Blatt 153

Tour 95: Roter Knopf, 3281 m

Talort: Heiligenblut, 1288 m

Aufstieg: Von Heiligenblut/Winkl wie bei Tour 92 durch das Gößnitztal auf markiertem Weg zur Elberfelder-Hütte, 2346 m. (1000 Hm/4–5 Stunden) Hier empfiehlt es sich, zu übernachten. Von der Hütte Richtung Süden zu Punkt 2451 m (Schild „Roter Knopf"), dann scharf nach rechts Richtung NW. Soweit wie möglich hinauf zum Südostgrat und über plattiges Felswerk zum Gipfel. (930 Hm/2½–3 Stunden)

Abfahrt: wie Aufstieg

Stützpunkte: Elberfelder-Hütte, 2346 m (ab Anfang Juli bew., Winterraum offen) *beste Zeit:* Mai bis Juni

Schwierigkeit: mittel bis schwer, je nach Nächtigung

Karte: AV-Karte 1:25.000, Blatt 41
ÖK 1:50.000, Blatt 153, 179

Der Rote Knopf ist eine Schitour für alle jene, die es nicht scheuen, ihre Schi auch einmal über ein längeres Wegstück hinweg zu tragen und in einem Hütten-Winterraum zu übernachten. Der Zustieg zur Elberfelder-Hütte zählt nicht gerade zu den kürzesten, doch kann man nach schneereichen Wintern am Roten Knopf noch bis in den Juli hinein so manche schöne Firnabfahrt erleben.
Möglich ist auch der Aufstieg zum Bösen Weibl, 3119 m, über den Kesselkees-Sattel, wo sich das Gernot-Röhr-Biwak, 2996 m, befindet.

Tour 96: Böses Weibl, 3119 m

Talort: Heiligenblut, 1288 m

Aufstieg: Wie bei Tour 95 zur Elberfelder-Hütte, 2346 m. (1000 Hm/4–5 Stunden) Von der Hütte abwärts und über den Gößnitzbach, weiter in NW-Richtung zu Punkt 2449 m. Nun quert man den Tramerbach und steigt, etwa dem Sommerweg folgend, zum Kesselkees-Sattel, 2996 m, auf, wo auch das Gernot-Röhr-Biwack steht. Nun quert man Richtung Westen ein Firnfeld und gelangt so auf eine Art Terrasse, von der man Richtung Norden zum Gipfel steigt. (800 Hm/3 Stunden)

Abfahrt: wie Aufstieg

Stützpunkte: Elberfelder-Hütte, 2346 m (ab Anfang Juli bew., Winterraum offen)
Gernot-Röhr-Biwackschachtel, 2996 m

beste Zeit: April bis Mai

Schwierigkeit: mittel bis schwer, je nach Nächtigung

Karte: AV-Karte 1:25.000, Blatt 41
ÖK 1:50.000, Blatt 153, 179

Das Böse Weibl zählt zu den schönsten Schigipfeln der Schobergruppe, wobei der Aufstieg, wenn man auf der Elberfelder-Hütte nächtigt, nicht all zu schwer und lang ist. Vom Bösen Weibl hat man einen interessanten Ausblick in die Kalser Gegend und zum Großglockner.
Vom Kesselkees-Sattel erreicht man unschwierig über den SW-Kamm auch die Gridenkarköpfe.

Tour 97: Gößnitzkopf, 3096 m

Talort:	Heiligenblut, 1288 m
Aufstieg:	Wie bei Tour 95 zur Elberfelder-Hütte, 2346 m. (1000 Hm/4–5 Stunden) Von der Hütte Richtung Süden zu Punkt 2451 m und flach zum Gößnitzkees aufsteigen und nach SW in die Gößnitzscharte, 2737 m (Gößnitzkopf-Biwack westlich davon). In der Südostflanke so weit wie möglich mit den Schiern, dann zu Fuß zum Gipfel. (750 Hm/2–2½ Stunden)
Abfahrt:	wie Aufstieg
Stützpunkte:	Elberfelder-Hütte, 2346 m (ab Anfang Juli bew., Winterraum offen) Gößnitzkopf-Biwack, 2800 m
beste Zeit:	April bis Mai
Schwierigkeit:	mittel bis schwer, je nach Nächtigung
Karte:	AV-Karte 1:25.000, Blatt 41 ÖK 1:50.000, Blatt 153, 179

Der Kessel oberhalb der Elberfelder-Hütte vom Roten Knopf bis hin zum Großen Hornkopf schließt eine Reihe interessanter und hochalpiner Schirouten ein: Talleiten-Spitze, Klammerköpfe und Großer Hornkopf, der zu den Schifreuden auch noch Kletterfreuden bietet.

Tour 98: Weißwandspitzen, 2916 m

Talort:	Döllach/Putschall, 1050 m
Aufstieg:	Von Putschall mit dem Auto bis zur Graden-Alm, 1600 m (je nach Schneelage). Entlang des markierten Noßbergerweges zuerst flacher in einer Mulde, dann steil ansteigend links zu den Seen hinauf. Nun flach entlang der Seen zur Adolf-Noßberger-Hütte 2488 m. (900 Hm/2½–3 Stunden) Von der Hütte Richtung Süden über das Graden-Kees entlang des Holländer-Weges in die Hohe Graden-Scharte, 2803 m. Die Scharte ist nur durch eine steile Schneerinne erreichbar. Wenn ausgeapert, dann Seilsicherung vorhanden, sonst eher heikel. Von der Scharte nach NW über Blockgelände zum Gipfel. (400 Hm/1–2 Stunden)
Abfahrt:	wie Aufstieg
Stützpunkte:	Adolf-Noßberger-Hütte, 2488 m (ab Ende Juni bew., Winterraum mit AV-Schloß)
beste Zeit:	April bis Juni
Schwierigkeit:	mittel, aber hochalpin, oft heikel
Karte:	AV-Karte 1:25.000, Blatt 41 ÖK 1:50.000, Blatt 179

Auch das Tourengebiet um die Noßberger-Hütte ist mit einem langen Zustieg behaftet. Die Tourenmöglichkeiten, die sich von der Hütte aus bieten, sind aber recht abwechslungsreich. Viele der hier sich ergebenden Touren weisen sehr alpine Anstiege auf, die oft auch mit etwas Kletterei verbunden sind.

Tour 99: Klammerköpfe, 3126 m

Talort:	Döllach/Putschall, 1050 m
Aufstieg:	Wie bei Tour 98 zur Adolf-Noßberger-Hütte, 2488 m. (900 Hm/2½–3 Stunden) Von der Hütte nach Westen zu einer Felswand, durch die ein enger Einschnitt führt. Durch diesen empor in ein Becken, zunächst flach, dann wieder steil zum Klammerkees aufwärts und in NW-Richtung bis knapp unter den Gipfel. Nun nach links und von Süden unschwierig zum Gipfel. (650 Hm/ 2 Stunden)
Abfahrt:	wie Aufstieg
Stützpunkte:	Adolf-Noßberger-Hütte, 2488 m (ab Ende Juni bew., Winterraum mit AV-Schloß)
beste Zeit:	April bis Mai
Schwierigkeit:	mittel, aber alpin
Karte:	AV-Karte 1:25.000, Blatt 41 ÖK 1:50.000, Blatt 179

Der Klammerkopf bietet schon eine beeindruckende und abwechslungsreiche Schiroute mit ernstem Charakter und landschaftlich lohnenden Eindrücken.
Über die Klammerscharte kann man auch zur Elberfelder-Hütte gelangen. Von der Scharte geht es aber sehr steil zum Gößnitzkees hinunter, das dann vor der Hütte flach ausklingt. Bei diesem Übergang sind Pickel und Steigeisen für ein sicheres Steigen zur steilen Scharte sehr zu empfehlen.

Tour 100: Kleiner Hornkopf, 3194 m

Talort:	Döllach/Putschall, 1050 m
Aufstieg:	Wie bei Tour 98 zur Adolf-Noßberger-Hütte, 2488 m.

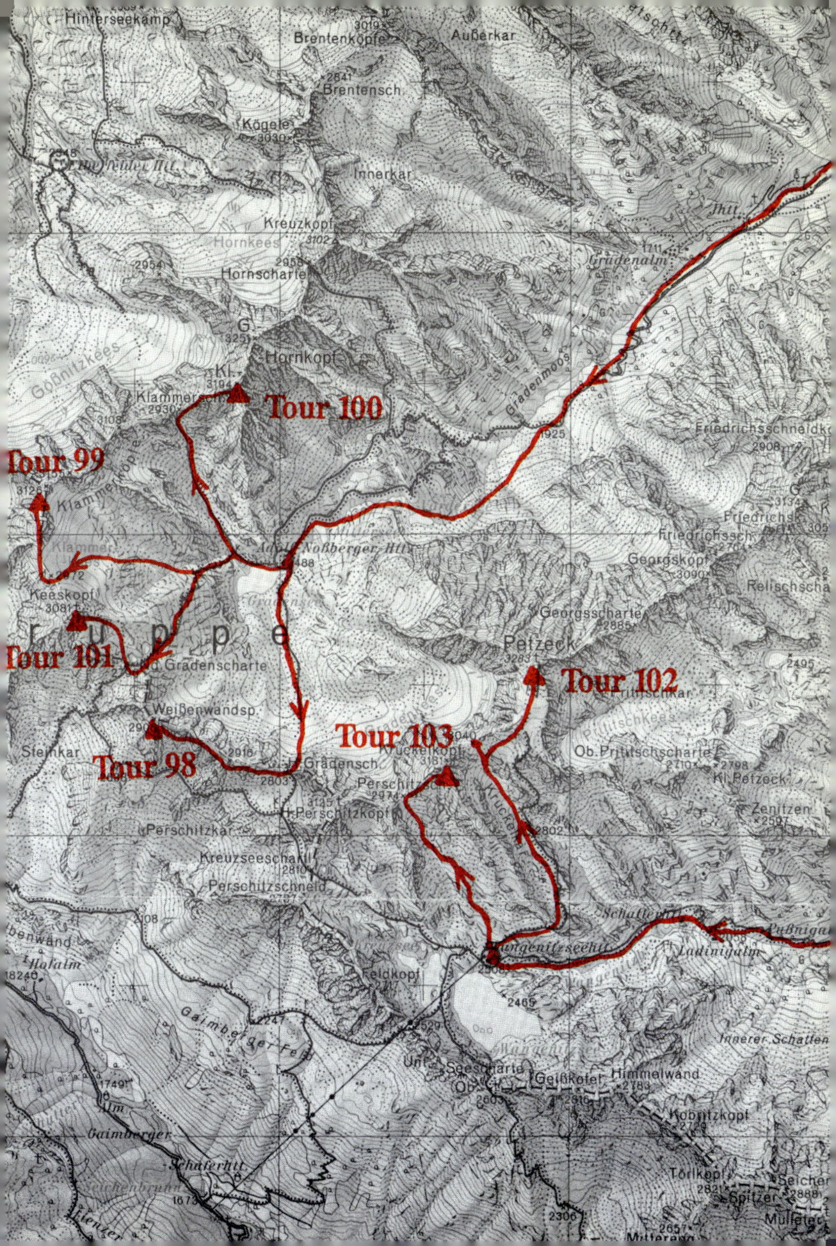

Tour 98
Tour 99
Tour 100
Tour 101
Tour 102
Tour 103
Hinterseekamp
Brentenköpfe
Außerkar
Brentensch
Kögele
Innerkar
Kreuzkopf
Hornkees
Hornscharte
Hornkopf
Goßnitzkees
Klammer
Grädenalm
Grädenmoos
Friedrichsschneidk
Friedrichsk
Friedrichssch
Georgskopf
Relischscha
Georgsscharte
Petzeck
Adolf-Noßberger-Hütte
Keeskopf
Gradenscharte
Weißenwandsp
Steinkar
Grädensch
Kruckelkopf
Perschitz
Perschitzkopf
Ob. Prititschscharte
Kl. Petzeck
Zenitzen
Perschitzkar
Kreuzseescharte
Perschitzschneid
Feldkopf
Holalm
Gaimberger Feld
Innerer Schatten
Geißkofel
Himmelwand
Kobnitzkopf
Törlkopf
Gaimberger
Schäferhtt
Spitzer
Mulleter
Ladinigalm

Von der Hütte in NW-Richtung zu Punkt 2725 m. Rechts sehr steil (Seilversicherungen) in die Klammerscharte, 2930 m. Von der Scharte noch ein Stück mit den Schiern, dann zu Fuß über Blöcke zum Gipfel. (700 Hm/ 2–2½ Stunden)

Abfahrt: wie Aufstieg

Stützpunkte: Adolf-Noßberger-Hütte, 2488 m (ab Ende Juni bew., Winterraum mit AV-Schloß)

beste Zeit: April bis Juni

Schwierigkeit: mittel, aber hochalpin

Karte: AV-Karte 1:25.000, Blatt 41
ÖK 1:50.000, Blatt 179

Tour 101: Keeskopf, 3081 m

Talort: Döllach/Putschall, 1050 m

Aufstieg: Wie bei Tour 98 zur Adolf-Noßberger-Hütte, 2488 m. Von der Hütte folgt man dem Sommerweg 918 zuerst sehr steil, dann flacher werdend zur Niederen Graden-Scharte, 2796 m. Über den Südosthang zum Gipfel. (600 Hm/2 Stunden) Es ist auch möglich, über das Klammerkees zu Punkt 2976 m und über den NW-Rücken zum Gipfel aufzusteigen.

Abfahrt: wie Aufstieg

Stützpunkte: Adolf-Noßberger-Hütte, 2488 m (ab Ende Juni bew., Winterraum mit AV-Schloß)

beste Zeit: April bis Juni

Schwierigkeit: mittel, aber hochalpin

Karte: AV-Karte 1:25.000, Blatt 41
ÖK 1:50.000, Blatt 179

Tour 102: Petzeck, 3283 m

Talort:	Mörtschach, 970 m
Aufstieg:	Mit dem Auto bis zur Wangenitzalm, 1371 m (je nach Schneelage). Nun durch das Wangenitztal über die Pußnig-Alm, 1865 m, zur Possegger-Alm, 2174 m. In westlicher Richtung zuerst flach, dann steiler werdend zur Wangenitzsee-Hütte, 2508 m. (1100 Hm/4 Stunden) Von der Hütte nach Osten ansteigend und unterhalb von Punkt 2637 m in das Krucklkar. Durch dieses aufwärts Richtung Petzeck-Scharte, 3034 m. Kurz vor dieser wendet man sich nach rechts und erreicht über eine Steilstufe Punkt 3136 m. Nach Norden zum Gipfel. (700 Hm/2–2½ Stunden)
Abfahrt:	wie Aufstieg
Stützpunkte:	Wangenitzsee-Hütte, 2508 m (ab Mitte Juni geöffnet, Winterraum offen)
beste Zeit:	April bis Juni
Schwierigkeit:	mittel, Vorsicht bei Lawinengefahr im Krucklkar!
Karte:	AV-Karte 1:25.000, Blatt 41 ÖK 1:50.000, Blatt 179

Eine doch konditionsraubende Schitour führt auf das Petzeck, den höchsten Gipfel der Schobergruppe. Vorteilhaft ist es, nach fast fünfstündigem Aufstieg auf der Wangenitzsee-Hütte zu übernachten und erst am nächsten Tag den Aufstieg zum Petzeck in Angriff zu nehmen. Wohl nicht so bekannt und auch nicht so hoch, aber schifahrerisch noch lohnender als das Petzeck, ist der Kruckelkopf.

Tour 103: Kruckelkopf, 3181 m

Talort:	Mörtschach, 970 m
Aufstieg:	Wie bei Tour 102 zur Wangenitzsee-Hütte, 2508 m. (1100 Hm/4 Stunden) Von der Hütte zu Punkt 2628 m und in NW-Richtung in die Perschitzscharte, 2979 m. Über den Südwestgrat zum Gipfel. (670 Hm/2–3 Stunden)
Abfahrt:	wie Aufstieg
Stützpunkte:	Wangenitzsee-Hütte, 2508 m (ab Mitte Juni geöffnet, Winterraum offen)
beste Zeit:	April bis Juni
Schwierigkeit:	mittel
Karte:	AV-Karte 1:25.000, Blatt 41 ÖK 1:50.000, Blatt 179

Die Tour zum Kruckelkopf steht meist im Schatten des etwas höheren Petzecks. Gleichmäßige Hänge bis vor die Hütte bieten jedoch eine sehr schöne Abfahrt.
Es ist auch möglich, von der Wangenitzsee-Hütte über die Perschitzscharte zur Adolf-Noßberger-Hütte überzuwechseln, wobei von der Perschitzscharte sehr steil zum Gradenkees abzufahren ist. Flaches Gelände bringt einen dann zur Noßberger-Hütte. Auch in umgekehrter Richtung möglich.

Tour 104: Dolzer, 2172 m

Talort:	Greifenburg, 644 m
Aufstieg:	Mit dem Auto Richtung Gnoppnitz bis zum Gehöft Reiter, 1268 m. Eine Forststraße in ihren Kehren abkürzend über eine Lichtung (Langmoos) zum Gaugen-

Tour 105
Tour 104
Grakofel
2551
Kl. Grakofel
Hochbichl
2275
Stockeralm
Lackenbichl
Lackneralm
2508
Annarühe
2122
Stawipfel
Kleinriegel
2163
Gratalalm
Jhtt.
1725
Ertlalm
1886
Ob. Orteralm
Ob. Hasleralm
Unt.
Unt. Orteralm
Unt. Moseralm
1841
Ob. Moseralm
2232
2186
Schanitzentörl
2330
Putzen
Forstneralm
1722
Stockerhtt.
2286
Gerlamooser Alm
1969
1805
Steinfelder Gemeindealm
1294
Wernealm
1724
2242
Lungau
Ederalm
Hopfgartneralm
1715
Greinwaldgr.
Lenkengr.
Neuberggr.
Kaserwiesl
2205
Gnoppnitztörl
2074
Moslacheralm
Kaser
Kuhweidealm
Dolzer
2172
2195
Gaugen
1276
Zwilcheralm
Flach
Politzen
1842
Kreuzkofel
943
Gnoppnitzalm
Kreuzwald
Gaugenschutzhaus
1616
Orter
987
Reiter
Langmoos
Rottenstein
1142
1268
Gnoppnitz
Wasserteuer
1096
1051
R. Rottenstein
Mitterberg

	schutzhaus, 1616 m. In Richtung Norden über einen Rücken, dann etwas steiler über einen freien Hang zum Gipfel. (900 Hm/3 Stunden)
Abfahrt:	wie Aufstieg
Stützpunkte:	Gaugenschutzhaus, 1616 m
beste Zeit:	Jänner bis März
Schwierigkeit:	leicht
Karte:	ÖK 1:50.000, Blatt 181

Der Dolzer bildet den sanften Ausläufer der südlichen Kreuzeckgruppe und erhebt sich mit seinen hügeligen Formen ganz stolz über Greifenburg im Drautal.
Eine lohnende Draufgabe, vor allem landschaftlicher Art, stellt die Kammüberschreitung vom Dolzer zum Kleinen Stawipfel, 2223 m, dar. Die Abfahrt führt dann vom Kleinen Stawipfel über die freien Südwesthänge an der Wießfleckeralm vorbei, 600 Höhenmeter lang, bis zur Forststraße am Gnoppnitzbach hinunter. Auf der Straße geht es dann bei einem schönen Gefälle von 400 Metern zur Zubringerstraße, die zum Gehöft Reiter führt, zurück.

Tour 105: Kleiner Grakofel, 2459 m

Talort:	Steinfeld, 617 m
Aufstieg:	Von der Kirche in Steinfeld mit dem Auto bis zu den Gehöften Rottenstein, 1280 m. Entlang einer Forststraße Richtung Norden durch das Rottensteinertal bis zur Unteren Ortneralm. Nach Norden auf einem Almweg in Kehren zur Oberen Ortneralm, 1886 m. Über einen Rücken und freie Hänge hält man sich nach NO und erreicht den Gipfel des Lackenbichls, 2254 m. Nach Norden auf einem Rücken zum Gipfel des Kleinen Grakofels. (1180 Hm/4 Stunden)

Abfahrt:	wie Aufstieg
Stützpunkte:	keine
beste Zeit:	Jänner bis Marz
Schwierigkeit:	mittel
Karte:	ÖK 1:50.000, Blatt 181

Das Rottensteinertal in der südlichen Kreuzeckgruppe bietet eine Fülle von Schitourenmöglichkeiten. Ostseitige Anstiege auf den Dolzer, Putzen oder Kleinriegel und westseitige Aufstiege zum Lackenbichl, zur Karlhöhe oder zum Lenkenspitz sind nur einige der vielen sich hier bietenden Schirouten. Lohnend erweist sich auch die Überschreitung vom Stagor zum Grakofel über den langen Verbindungskamm.
Alles schöne Abfahrten in freien Hanglagen.

Register

Schrifttum

Berghold, Franz, Richtige Ernährung beim Bergsteigen, Rother Verlag, München 1980

Hoi, Klaus, Seiltechnik, Edelweiß

Keil, Peter, Tourenschilauf, BLV Verlag, München 1978

ÖAV, Die Alpenvereinshütten, Rother Verlag, München

Schneider, Adolf, Wetter und Bergsteigen, Rother Verlag, München 1981

Schubert, Pit, Moderne Eistechnik, Rother Verlag, München 1975

Siebert, Walter, Lawinenkunde, Österr. Bundesverlag, Wien 1984

Siegert, Alfred, Schibergsteigen-Alpinlehrplan, BLV Verlag, München 1980

Thöne, Karl, Karte und Kompaß, Hallwag Verlag, Bern 1978

Weiß, Rudolf, Tourenschilauf, Steiger Verlag, Innsbruck 1983

Fotos: alle Fotos Manfred und Margit Korbaj

Rudolf Ägyd Lindner
HOCHSCHWAB
Der einzigartige
Bildband
über das
»ursteirische Gebirge«
ISBN 3-900310-26-2
verlegt bei
Weishaupt